« RÉPONSES »

Collection dirigée par Joëlle de Gravelaine

FANNY SAFÉRIS

LA SUGGESTOPÉDIE

Une révolution dans l'art d'apprendre

Nouvelle édition

ÉDITIONS ROBERT LAFFONT
PARIS

ISBN 2-221-03719-7

« The changes we see in the world today are intellectual, moral, physical in their ideal and their intention : the spiritual revolution waits for its hour and throws up meanwhile its waves here and there... »

Sri AUROBINDO [1]

---

1. In *Thoughts and Glimpses,* p. 30.

Les changements que nous voyons dans le monde d'aujourd'hui sont d'ordre physique, moral, intellectuel par l'intention et l'idéal qui les animent. La révolution spirituelle, elle, en attendant son heure, envoie des vagues ici et là...

SOMMAIRE

PRÉFACE À LA 2e ÉDITION

Sept ans de pratique intensive de la Suggestopédie au sein de l'École Française de Suggestopédie, depuis la première parution de ce livre en 1978, ont rendu nécessaire la présente deuxième édition, revue et augmentée du produit de cette riche expérience quotidienne.

A la sortie de ce livre, un journaliste de la radio me fit sommation de lui donner immédiatement une définition précise, complète et accessible à tous de la Suggestopédie. « Et en une seule phrase », insistait-il.

— Je n'ai pas su, pas pu, pas voulu.

Aujourd'hui, en revanche, s'il faut une seule phrase à un journaliste pressé, je peux facilement affirmer que la Suggestopédie n'est ni un assemblage de jeux ou de sketches, ni un système de lectures en musique, ni même simplement une bonne méthode pour apprendre les langues étrangères, bien qu'elle le soit aussi.

Aujourd'hui, je crois pouvoir dire ce qu'est la Suggestopédie dans sa richesse et sa promesse,

mais pas en une phrase,

en un livre.

Le cours tel que je l'avais observé à Sofia en 1976 et que j'ai décrit dans la première partie de cet ouvrage a subi des modifications importantes dès 1978. J'ai cependant choisi de conserver cette description telle quelle. Elle montre bien comment peut être créée l'atmosphère de suggestion positive, comment un support matériel simple peut être efficace.

Cette méthodologie ainsi décrite constitue encore à quelques détails près le modèle de ce qui se pratique généralement. Et de toute façon, elle constitue seulement l'un des rituels possibles parmi les nombreux autres encore à inventer. Puis peut-être viendra ce jour envisagé par l'optimisme lozanovien — où l'être humain sera arrivé à un stade d'évolution tel qu'il pourra se passer de tout rituel pour apprendre.

L'exposé de la théorie suggestologique a été par endroits enrichi et explicité car mon expérience des conférences et tables rondes m'a appris quels étaient les points moins accessibles d'emblée, parce que tellement éloignés de notre conditionnement, ce conditionnement acquis par les puissantes suggestions de notre niche environnementale spécifique.

Le chapitre traitant de la Suggestopédie dans le monde a dû être entièrement revu et ne peut d'ailleurs vraiment être à jour : le remue-ménage suggestopédique est constant, émaillé d'expériences enrichissantes et cocasses, décourageantes et prometteuses.

Puis je raconterai la naissance de l'École Française de Suggestopédie et essaierai de montrer comment le travail que nous y accomplissons, mon équipe et moi-même, nous permet de mieux comprendre la portée réelle de l'acte suggestopédique, sa signification dans le mouvement vers l'avant de l'évolution humaine. Là réside sans aucun doute le secret de l'attrait que la Suggestopédie exerce, si nous pouvons en juger d'après le nombre de nos visiteurs, et le renom maintenant international de l'École.

Cette attraction, pour paraître irrationnelle, n'en est pas moins justifiée. Notre suggestibilité nous intéresse. Et le besoin existe aujourd'hui d'en reconnaître enfin l'existence, de l'étudier, de l'utiliser au mieux, peut-être pour arriver aux frontières de cette Passion créatrice devenue indispensable[1], *ou mieux encore aux portes de notre intuition perdue à retrouver*[2].

1. Jean Hamburger, *La raison et la passion* (cf. bibliographie).
2. Jean Lerède, *Les troupeaux de l'aurore* (cf. bibliographie). *Mythes, suggestion créatrice et éveil surconscient* (cf. bibliographie).

AVANT-PROPOS

— Après tant d'années au lycée, je suis incapable de me commander une tasse de thé à Londres !

— J'ai déjà dépensé un argent fou avec toutes ces méthodes, et je ne parle toujours pas l'anglais. D'ailleurs je déteste cette langue !

— L'anglais ! Quel cauchemar ! Pour le lire, je n'ai aucun problème. Mais dès qu'il s'agit de parler, j'ai une boule dans la gorge, c'est l'angoisse.

— Aidez-moi ! Dites-moi comment faire ! Si je ne parle pas l'anglais dans deux mois, je ne puis obtenir cette promotion importante !

Chaque année, à la rentrée, le professeur de langue pour adultes entend ces remarques de personnes venant des milieux professionnels les plus divers. Et parmi elles, nombreuses sont celles qui recommencent à plusieurs reprises un cours de débutants, et espèrent ainsi, chaque fois, désamorcer le fameux blocage à l'oral, en repartant sur des bases nouvelles.

Au début de ma pratique d'enseignement de l'anglais il y a huit ans, j'utilisais les méthodes reposant sur les connaissances modernes de l'apprentissage et de la linguistique appliquée. Durant les cours, il y avait des moments, assez rares, durant lesquels je sentais bien que l'enseignement passait, dans la mesure où mes stagiaires réutilisaient les notions présentées, d'une manière créatrice et adaptée. Cela se produisait toujours en dehors du laboratoire de langues ou des étapes conventionnelles qui jalonnent une leçon.

Durant ces moments favorables, il régnait dans la classe une atmosphère chaleureuse, surgie à la faveur d'un dialogue affectueux et pas du tout scolaire, et tout le monde y participait librement avec un plaisir évident. Je n'arrivais pas toujours à amener de tels moments, et encore moins à les maintenir durant un cours entier.

Et puis, l'avouerai-je ? Conditionnée à dispenser une certaine forme d'enseignement, j'avais mauvaise conscience à essayer de multiplier des situations qui ressemblaient à des récréations. Il fallait bien travailler !

Mais ces expériences m'avaient aidée à comprendre que l'apprentissage d'une langue est une opération bien plus complexe qu'un simple montage de mécanismes et que « tout exercice mental ou physique a deux faces. L'apparence matérielle, le contenu objectif masquent ordinairement un exercice plus profond où chacun s'affronte soi-même [1] ».

En janvier 1975, un ami journaliste, connaissant l'orientation de mes recherches, me parla d'une méthode d'apprentissage d'origine bulgare, qui permettait de maîtriser une langue étrangère en cinq semaines. Je crus d'abord à une rumeur sans fondement sérieux, et tâchai de ne plus y penser.

Deux mois plus tard, j'étais à Sofia...

---

1. G. Gusdorf, *Pourquoi des professeurs*, p. 63.

Actuellement, il est assez difficile de se procurer une documentation suffisante sur la Suggestologie et la Suggestopédie [1]. Et quand on a pu la trouver, la lecture des écrits théoriques ne permet pas de se faire une idée précise de la manière dont les cours se déroulent.

C'est pourquoi j'ai choisi de décrire tout d'abord un cours suggestopédique comme j'ai pu l'observer à Sofia. Cette courte description n'a qu'une valeur informative ; elle est destinée à satisfaire la légitime curiosité du lecteur. *Elle ne peut en aucun cas servir de point de départ à un essai d'application pédagogique.* Un enseignant doit vivre la situation psychologique particulière du cours suggestopédique pour comprendre et sentir vraiment ce qui s'y passe. Le succès en dépend.

De plus, ce que j'ai vu en 1976 est déjà probablement plus ou moins révolu en partie. Car la Suggestopédie, encore « un bébé dans les langes », selon l'expression même du Dr Lozanov, son initiateur, est toujours expérimentale pour encore longtemps. Et bien que fondée sur des principes maintenant solidement établis, la méthode est, d'un point de vue anecdotique, essentiellement en évolution constante.

Puis la Suggestologie sera présentée dans ses traits essentiels, avec comme référence principale d'étude l'ouvrage de base du Dr Lozanov, publié à Sofia en 1971, appelé *Souguestologuia* [2]. On trouve dans cette œuvre importante la relation exhaustive d'une recherche scientifique longue de vingt ans, portant sur l'activité mentale inconsciente.

Enfin, il s'agira de présenter les principaux résultats obtenus par la Suggestopédie dans l'enseignement des lan-

1. Les choses ont bien changé en 1986 (cf. Bibliographie).

2. Paru en anglais en 1978 sous le titre *Suggestology and Outlines of Suggestopedy*, cf. Bibliographie.

gues aux adultes, ainsi que les riches perspectives offertes par cette méthode pour l'enseignement des enfants dans le cadre scolaire. Il sera alors facile de comprendre pourquoi ce qui n'était à l'origine qu'un schéma expérimental, établi pour permettre de vérifier des hypothèses scientifiques, est en train de devenir une méthode d'enseignement à part entière qui soulève l'intérêt dans le monde entier, d'autant plus qu'elle peut trouver un champ d'application dans toutes les matières d'apprentissage.

La Suggestologie prétend expliquer une partie de notre irrationalité et ose proposer des moyens de l'orienter.

Cette perspective est-elle terrifiante parce qu'elle touche notre intimité ? Est-elle exaltante parce qu'elle rend possible la libération de nos potentiels psychiques ?

LES ÉTONNEMENTS D'UN PROFESSEUR D'ANGLAIS

« Ainsi avons-nous découvert que notre appréciation de l'homme était incomplète et que nous n'avions jusqu'à présent pris en compte que la moitié de nous-mêmes. »

M. FUSTIER [1]

1. *Pratique de la créativité,* p. 24.

1.

L'INSTITUT DE SUGGESTOLOGIE DE SOFIA

L'Institut se trouve en plein centre de Sofia et occupe un petit immeuble d'un charme désuet dans un jardin bien entretenu.

Lorsque j'arrivai à la porte, un gardien me barra le passage vers l'entrée, en agitant la tête de haut en bas, comme pour dire oui. Il y eut un moment de confusion réciproque, car, en fait, il voulait dire non !

Dans le hall, une femme souriante me signifia dans un anglais poli, aimable et ferme, que je ne visiterais pas l'Institut. Elle m'apprit que des milliers de personnes arrivaient ainsi chaque année, de tous les pays du monde. Personne ne pouvait visiter et assister aux cours de langues avant d'avoir reçu une permission officielle.

J'eus le privilège, cependant, de rencontrer le Dr Lozanov, fondateur et directeur de l'Institut. Notre conversation se déroula dans son bureau encombré de dossiers.

Un peu gênée de le déranger dans son travail, je justifiai mon intrusion en expliquant ma situation de professeur de langues vivantes pour adultes à la recherche de tout ce qui pouvait me permettre d'être plus efficace dans mon travail.

Le Dr Lozanov me dit tout d'abord qu'il n'était pas enseignant, mais psychothérapeute. Son équipe et lui-même, en cherchant à mesurer les effets de certaines situations psychologiques sur la mémoire, avaient été amenés à mettre au point un système expérimental d'apprentissage des langues. Les résultats obtenus, particulièrement étonnants, expliquent l'intérêt soulevé.

Ainsi, pour des débutants dans une langue étrangère, l'Institut organise actuellement, et toujours dans le but de poursuivre les expérimentations, des cours de vingt-cinq jours sur cinq semaines, à raison de quatre heures de cours par jour. (L'heure pédagogique correspond à un temps effectif de travail de quarante-cinq minutes). Durant ce temps, soit en cent heures pédagogiques, les étudiants apprennent de dix-huit cents à deux mille unités lexicales et les structures grammaticales de base de la langue étrangère. Ils apprennent aussi à la lire et un peu à l'écrire (rappelons que la langue bulgare utilise l'alphabet cyrillique).

Entendre annoncer de pareils résultats rend perplexe, car ce même volume linguistique est présenté en quatre ans dans l'enseignement secondaire français, de la sixième à la quatrième, à raison de trois heures par semaine. Pour l'enseignement aux adultes, en France, les méthodes audio-orales et audio-visuelles courantes prévoient en moyenne un enseignement de mille mots pour cent cinquante heures de cours. Et les professeurs savent bien que leurs étudiants retiennent au mieux la moitié du matériel présenté.

Je demandai donc au Dr Lozanov de me donner les résultats obtenus par cet enseignement qui offrait un volume aussi inhabituel de matériel à mémoriser. Il m'indiqua que d'après les plus récentes statistiques, à la fin du stage de cinq semaines, 70 p. cent de l'ensemble de ce matériel sont utilisés de manière active par les étudiants, c'est-à-dire qu'ils parlent, s'expriment dans la langue apprise en utilisant environ quatorze cents unités lexicales. Quant aux 30 p. cent restants du matériel présenté, ils font partie des connaissances passives, donc susceptibles d'être utilisées activement après une certaine pratique supplémentaire. Les mêmes résultats sont obtenus quelle que soit la langue enseignée : allemand, anglais, français, italien, russe.

Le Dr Lozanov, voyant mon expression stupéfaite, me fit remarquer en souriant que les possibilités humaines sont bien plus grandes que nous le pensons généralement. Tous les résultats portant sur de nombreuses expériences depuis plusieurs années ont montré une moyenne de mémorisation de 93 p. cent à la fin d'un cours suggestopédique.

Et après trois mois, les résultats sont encore meilleurs, ils atteignent 100 p. cent. Après six mois, les connaissances sont toujours au même niveau, pour des personnes qui n'ont eu aucune pratique ni aucun autre enseignement de la langue apprise depuis la fin de ce cours.

Par manque de pratique, il arrive un moment où les connaissances diminuent. Et c'est un an après la fin du cours suggestopédique que, d'après les tests, la mémorisation descend à 80 p. cent ; après deux ans, de 70 à 80 p. cent.

Je demandai alors si les étudiants qui réalisaient de telles performances étaient des gens sélectionnés d'après leur niveau intellectuel, leurs diplômes. Il me fut répondu que des milliers de personnes de toutes professions venaient s'inscrire à l'Institut, bien connu dans le pays, et que les listes d'attente étaient longues. Ces personnes étaient appelées selon l'ordre d'inscription, au fur et à mesure des besoins expérimentaux.

Je questionnai ensuite sur la méthode elle-même, aux résultats si inhabituels. Qu'était-ce donc que la Suggestologie ? Et la Suggestopédie ?

Au cours de sa pratique psychothérapeutique, le Dr Lozanov avait remarqué l'influence régulière et favorable de certaines situations psychologiques précises sur le développement de la mémoire de ses patients. Il commença alors à se demander si certaines lois ne se trouvaient pas à l'origine de ce phénomène.

La Suggestologie — néologisme créé par le Dr Lozanov — étudie les effets de l'environnement (ou du milieu) sur l'être humain. La Suggesto-pédagogie ou Suggestopédie est la méthode expérimentale d'enseignement qui incorpore les données de la Suggestologie qu'elle a d'ailleurs contribué à établir au fur et à mesure des recherches. Celles-ci se poursuivent depuis plus de vingt ans.

Je fis remarquer alors que ces deux termes, Suggestologie et Suggestopédie, étaient formés à partir du concept de suggestion, lourd de connotations souvent négatives. La réponse fut celle d'un scientifique : « Notre environnement a sur nous une action par suggestion, pour une bonne part inconsciente. Les chercheurs bulgares commencent à pouvoir mesurer l'importance de cette action. »

Ainsi, le Dr Lozanov explique que si nous n'utilisons qu'un très faible pourcentage de nos possibilités psychiques, c'est parce que notre conditionnement depuis la naissance, tel qu'il a été établi par la norme sociale, nous limite dans notre développement. Par exemple, il est d'usage d'apprendre les notions par petites quantités, avec l'habitude solidement implantée par l'éducation d'acquérir le savoir par efforts pénibles et ennuyeux. Or, toutes ces idées conventionnelles sur l'apprentissage nous suggèrent dès l'enfance la conviction que nous pouvons peu et qu'apprendre est fastidieux.

Durant les cours suggestopédiques, il suffit de changer ces conditions psychologiques, de prouver aux étudiants qu'ils sont capables d'assimiler de grandes quantités de notions rapidement, de les utiliser de manière créatrice, pour voir effectivement leurs capacités se développer dans des proportions importantes. Et ces capacités ne concernent pas seulement la mémoire.

Durant les cours suggestopédiques, on a constaté une stimulation générale positive des étudiants. Ceux-ci ressentent un mieux-être général qu'ils expriment avec grande satisfaction, et qui se trouve confirmé par les divers examens physiologiques effectués à l'Institut. Certains voient aussi disparaître leurs migraines, leurs insomnies.

Intéressée au plus haut point, pleine de curiosité, je demandai alors comment il fallait faire pour créer un environnement aussi positif qui à la fois réalise un apprentissage efficace et procure un épanouissement personnel. Il me fut répondu très sommairement que les moyens utilisés pour créer l'atmosphère favorable étaient simples et naturels mais très soigneusement mis en place. De plus, la personnalité du professeur et sa formation ont un rôle déterminant pour la réussite du cours et l'obtention de résultats élevés.

Malgré mon insistance, je ne pus obtenir la permission de visiter l'Institut et d'assister aux cours, car j'étais venue à titre personnel. Je fus invitée à revenir pourtant, mais seulement après avoir reçu la permission officielle indispensable des gouvernements bulgare et français.

2.

LE COURS SUGGESTOPÉDIQUE DE LANGUE

Un an et demi plus tard, avec le « sésame ouvre-toi » que constitue un ordre de mission officielle, je retournai donc à Sofia pour un séjour de six semaines, afin d'observer les cours de langue dispensés à l'Institut de Suggestologie, et recevoir une formation à la méthode.

En ce matin de rentrée, le 20 septembre 1976, l'Institut ressemblait à une ruche. Dans la salle des professeurs, d'autres observateurs étrangers arrivaient, et nous pouvions bientôt entrer dans les classes.

La salle de classe

Elle ressemble plutôt à un salon. La pièce est grande et claire. Douze fauteuils confortables sont disposés en arc de cercle. Un treizième, celui du professeur, se trouve un peu en retrait, visible de partout.

Derrière le fauteuil du professeur, se trouve le classique tableau noir, surmonté de deux haut-parleurs. Du plafond, pendent deux micros. Il y a encore quelques pièces de mobilier, du style mobilier d'appartement. Quelques reproductions ornent les murs.

Tout est simple, mais de la moquette aux doubles rideaux, tout a été choisi avec soin et goût. Une impression d'harmonie se dégage de l'ensemble.

Les étudiants

Douze personnes entrent et s'assoient. Elles sont d'âges très variés. Un jeune homme qui doit avoir vingt ans à peine s'installe près d'une personne ayant dépassé la quarantaine.

Une employée paraît et donne lecture des instructions dont voici les extraits les plus caractéristiques :

— Tous les cours sont expérimentaux et l'administration se réserve le droit de changer l'ordre du déroulement de l'enseignement, afin de mener parallèlement à l'enseignement des recherches psychologiques et physiologiques.

— Le fait que les cours améliorent l'état général et procurent la détente ne signifie pas que l'apprentissage soit passif, ni qu'aucun effort ne soit exigé des étudiants.

— Pendant la séance active du concert (offert au cours d'une phase précise de l'apprentissage, voir *infra*), l'attention est dirigée sur le texte lu par le professeur. Pendant la séance passive du concert, l'étudiant écoute sans tension et sans essayer de concentrer son attention sur ce que dit le professeur. Durant les autres phases de l'apprentissage, l'étudiant participe librement sans craindre les erreurs possibles au début.

— Dans l'état actuel du développement de la méthode suggestopédique, l'apprentissage est accéléré et donne la possibilité d'utiliser la langue apprise. Les progrès continuent après la fin des cours.

— Le seul travail demandé à l'étudiant est de lire durant quinze à vingt minutes au maximum, le soir au coucher et le matin au lever, un texte nouveau. Cette lecture doit se faire à plusieurs reprises, en allant de la langue maternelle à la langue étrangère et de la langue étrangère à la langue maternelle. Ce sera une lecture aisée, comme pour un article d'information dans le journal ; sans effort pour mémoriser, même s'il arrive que le sens de certains termes ou expressions ne soit pas encore très clair.

— Le fait de croire ou de ne pas croire en l'efficacité du cours n'a pas d'effet sur le résultat de l'enseignement. Il est seulement indispensable de se conformer aux conditions ci-dessus pour assurer un travail utile et agréable.

Dans le silence qui suit immédiatement la fin de cette lecture, le professeur, souriant, entre et distribue les feuilles de test.

Le test

Il est court et simple. Il comprend une liste de cent mots anglais à traduire en bulgare, une traduction de vingt phrases courtes. Et dix phrases sont lues par le professeur pour traduction immédiate par écrit. Sont ainsi mesurées sommairement une certaine connaissance du vocabulaire, la compréhension écrite et orale.

Les feuilles sont rendues presque blanches et rapidement, car tout le monde est débutant ou faux débutant. Ceux que l'on appelle faux débutants ont appris un peu d'anglais en classe, il y a plusieurs années, avec plus ou moins de succès et en ayant beaucoup oublié. Certains aussi seront classés dans les faux débutants parce que, grâce à leur connaissance plus ou moins grande du français ou de l'allemand, ils auront pu reconnaître un peu de vocabulaire anglais et obtenir ainsi quelques points au test.

Une pause permet au professeur de répartir les étudiants en deux groupes de niveau débutant et faux débutant, qui commencent le même jour. Puis c'est le moment du test oral.

Celui-ci consiste en une conversation entre le professeur et chaque étudiant, et les phrases émises sont notées selon leur nombre et leur correction. Aujourd'hui, ce test est réduit, et pour cause, à sa plus simple expression. Mais il permet au professeur d'observer chaque personne et de prendre des décisions pour l'importante étape de distribution des rôles qui suit.

Le Dr Lozanov entre à ce moment-là et souhaite la bienvenue à tous. Souriant et détendu, il annonce aux étudiants qu'ils vont apprendre dix-huit cents mots et expressions et en mémoriser 93 p. cent en moyenne. Mais ils ne deviendront pas des anglicistes chevronnés en un mois. Ils auront de la langue une connaissance suffisante pour une utilisation courante dans les occasions de la vie de tous les jours.

La distribution des rôles

Le cours commence. Marlyse, le professeur, annonce que tout le groupe se trouve à Londres, pour participer à un congrès, et elle va faire la présentation des délégués. D'une voix gaie et enjouée, elle parle en anglais, à peine plus lentement que la vitesse normale. Elle répète en bulgare, très rapidement et plus bas.

Parmi les délégués, on fait connaissance, entre autres, de Peter Reeves, fraîchement arrivé de Leeds, qui est ravi de rencontrer Linda King, originaire d'une station balnéaire voisine, Kingston. Puis Alan Black arrive du Canada et salue Shirley Burton, de Birmingham.

Il s'agit là de bien plus qu'une simple distribution de rôles. Chaque identité, en fait, illustre un phonème de l'anglais. Ainsi Peter Reeves, de Leeds, représente le « i » long, Linda King, de Kingston, le « i » court. Chaque étudiant devient ainsi, par le nom qu'il porte, le messager d'un son de la langue apprise.

Mais aussi, chaque personnage a une profession, et un profil psychologique qui va se découvrir au fur et à mesure du déroulement du cours. Un esprit un tant soit peu frondeur va noter que les professions choisies jouissent toutes d'un certain prestige social. Le groupe, en effet, est constitué d'une journaliste, d'une chanteuse, d'un médecin, d'un artiste peintre, etc.

De plus, chacun dans le groupe se trouve dans une situation gratifiante, qui le valorise devant les autres. Aucun des étudiants ne pourra trouver une caractéristique quelconque, une action accomplie par le personnage qu'il représente qui pourrait le gêner d'une manière ou d'une autre, bien au contraire.

Le manuel

Marlyse, d'un air solennel mais toujours avec le sourire, remet à chacun son manuel. Sa façon de procéder me fait penser irrésistiblement aux distributions de prix de mon enfance.

Puis la présentation de la leçon commence sous forme d'une lecture ponctuée de remarques et commentaires en bulgare sur la situation exposée, et d'explications linguistiques. La première leçon est un dialogue de huit pages. Le texte anglais se trouve sur le côté gauche de la feuille et la traduction à droite. Tout le monde suit dans le livre. Le principe de traduction immédiate est donc maintenu pour la lecture également.

Le manuel contient dix dialogues d'égale longueur, tous suivis d'une courte leçon de grammaire, fondée sur l'analyse contrastive de la langue apprise par rapport à la langue maternelle.

Voici le texte complet de ce premier dialogue qui donne une idée de la situation dans laquelle les étudiants sont mis d'emblée. Il se présente sous cette forme à Sofia. Mais ici la traduction bulgare a été remplacée par une traduction française.

LESSON ONE
First day

Thursday, 29 th September, 197...

A GOOD BEGINNING
IS HALF THE BATTLE

There is a Congress on
Man & Nature in London.
The delegates arrive today.
Each delegate gets a note :
« Go to the Park Hotel,
Book a room there. »

F.W.W.

THE PARK HOTEL
At the Reception Desk

Robert Fox :

LEÇON UN
Premier jour

Jeudi 29 septembre 197...

BIEN COMMENCER
C'EST GAGNER À MOITIÉ

Il y a un congrès sur
L'homme et la Nature à Londres.
Les délégués arrivent aujourd'hui.
Chaque délégué reçoit une note :
« Allez à l'hôtel du Parc,
Réservez-y une chambre. »

A.F.M.

HÔTEL DU PARC
A la réception

Robert Fox :

Good morning (afternoon)	Bonjour.
My name's Robert Fox.	Je m'appelle Robert Fox.
Receptionist :	Réceptionniste :
Are you a delegate ?	Vous êtes délégué ?
R.F. : Yes, I am.	R.F. : Oui.
Rec. : Are you a doctor ?	Réc. : Vous êtes médecin ?
R.F. : Yes, I am.	R.F. : Oui.
Rec. : Aren't you from Boston ?	Réc. : N'êtes-vous pas de Boston ?
R.F. : No, I'm not.	R.F. : Non.
I'm from Oxford.	Je suis d'Oxford.
Rec. : Fill in this form, please.	Réc. : Remplissez ce formulaire, s'il vous plaît.
R.F. : Name.	R.F. : Nom.
Address : Oxford, 4 George St.	Adresse : Oxford, 4, rue George.
Occupation : Doctor.	Profession : médecin.
Nationality : British.	Nationalité : britannique.
Rec. : Sign here, please.	Réc. : Signez ici, s'il vous plaît.
Room number 206.	Chambre numéro 206.
R.F. : Single or double ?	R.F. : Simple ou double ?
Rec. : Single, Sir.	Réc. : Simple, monsieur.
Here's your key.	Voici votre clé.

In the Lobby of the Hotel

Linda King et Peter Reeves
are in the lobby.
P.R. : Excuse me, madam,
Aren't you Linda King
the singer ?
L.K. (smiles) :
Yes, I'm a singer.
Are you a delegate, too ?
P.R. : Yes, I am
My name's Peter Reeves.
How do you do ?
Happy to meet you.
L.K. : How do you do ?
Glad to meet you.
Where are you from, Mr Reeves ?
P.R. : I'm from Leeds.
L.K. : Oh, I know Leeds very well.
I sing there very often.
P.R. : Yes, I know that.

Dans le hall de l'hôtel

Linda King et Peter Reeves
sont dans le hall.
P.R. : Excusez-moi, madame,
N'êtes-vous pas Linda King,
la chanteuse ?
L.K. (sourit) :
Oui, je suis chanteuse.
Êtes-vous délégué également ?
P.R. : Oui,
Je m'appelle Peter Reeves.
Enchanté !
Heureux de vous rencontrer.
L.K. : Enchantée !
Contente de vous rencontrer.
D'où êtes-vous, monsieur Reeves ?
P.R. : Je suis de Leeds.
L.K. : Oh, je connais très bien Leeds.
J'y chante très souvent.
P.R. : Oui, je sais cela.

I love music.
L.K. : What's your job ?
P.R. : I'm an engineer,
I'm in the aircraft industry.
I work in a plant.
My house isn't very near to it.
But it's near the Concert Hall :
13, Regent Street.
L.K. : And I live
at 12, Regent Street,
but in Kingston.
P.R. : Kingston is a pretty town.
L.K. : Yes, it's a clean town.
The air's clean, and fresh too.

At the Door of the Hotel

Two women and a man are at the
door of the hotel,
Shirley Burton, Ruth Smith
and Arthur Parker.

Je suis mélomane.
L.K. : Quel est votre métier ?
P.R. : Je suis ingénieur.
Je suis dans l'industrie aéronautique.
Je travaille dans une usine.
Ma maison n'en est pas très proche.
Mais elle est près de la salle de concert :
13, rue du Régent.
L.K. : Et j'habite
12, rue du Régent,
mais à Kingston.
P.R. : Kingston est une jolie ville.
L.K. : Oui, c'est une ville propre,
l'air y est pur, et frais aussi.

A la porte de l'hôtel

Deux femmes et un homme sont à la
porte de l'hôtel,
Shirley Burton, Ruth Smith
et Arthur Parker.

A.P. : Ladies first.
S.B. : That's kind of you, thank you.
A.P. (smiling) :
My name's Arthur Parker.
S.B. : Arthur Parker, the artist ?
Oh, delighted to meet you.
I'm Shirley Burton, a journalist
from Birmingham.
My friend Ruth Smith,
She's a mathematician.
A.P. : How do you do ?
Glad to meet you.
R.S. : How do you do ?
We're all delegates, aren't we ?
A.P. : How nice !
S.B. : Yes, a great artist,
a great mathematician.
A.P. : And a great journalist !
R.S. (to the receptionist) :
rooms 103 and 105 please.

A.P. : Les dames d'abord.
S.B. : C'est gentil à vous, merci.
A.P. (souriant) :
Je m'appelle Arthur Parker.
S.B. : Arthur Parker, l'artiste peintre ?
Oh, ravie de vous rencontrer.
Je suis Shirley Burton, journaliste
de Birmingham.
Mon amie Ruth Smith,
Elle est mathématicienne.
A.P. : Enchanté.
Content de vous rencontrer.
R.S. : Enchantée.
Nous sommes tous délégués, n'est-ce pas ?
A.P. : Ça c'est chic !
S.B. : Oui, un grand artiste,
une grande mathématicienne.
A.P. : Et une grande journaliste !
R.S. (au réceptionniste) :
chambres 103 et 105, s'il vous plaît.

A.P. : And number 107, please.	A.P. : Et le numéro 107, s'il vous plaît.
R.S. : So, we're neighbours.	R.S. : Ainsi, nous sommes voisins.
Old Friends Meet Again	*De vieux amis se retrouvent*
A tall elegant woman (to the receptionist) :	Une femme grande, élégante (au réceptionniste) :
My name's Irene O'Brien.	Je m'appelle Irene O'Brien.
I'm Irish.	Je suis irlandaise.
Which is my room please ?	Quelle est ma chambre, s'il vous plaît ?
Isn't it 239 ?	N'est-ce pas le 239 ?
Rec. : I'm sorry, madam,	Réc. : Je regrette, madame,
You are not on the list.	Vous n'êtes pas inscrite sur la liste.
O.'B. : It's impossible !	O.'B. : C'est impossible !
Check again, please !	Vérifiez encore, s'il vous plaît.
I'm a writer,	Je suis écrivain,
from Sligo, Ireland.	de Sligo, Irlande.
Rec. : Wait a minute	Réc. : Attendez un instant,
Let me see again.	que je voie encore.
Paul Norman (behind her) :	Paul Norman (derrière elle) :
Well ! If it isn't	Eh bien ! ne voilà-t-il pas
an old friend !	une vieille amie !

O.'B. (turns back) :
Hello, Paul !
I'm so happy to see you again !
Are you still in Australia ?
P.N. : Yes, I'm still in Albany,
a reporter for the local paper.
My address is 11, Gordon Street.
O.'B. : Please, Help me Paul.
I'm in trouble.
P.N. : What's the matter ?
O.'B. : No room for me !
P.N. : Oh never mind !
I have an idea.
(To the receptionist) :
Is Alan Black on the list ?
Rec. : Yes Sir,
Alan Black from Canada.
P.N. : I'm Paul Norman
A reporter from Australia.
Mr. Black is my friend.

O.'B. (se retourne) :
Salut, Paul !
Je suis si heureuse de te revoir !
Es-tu toujours en Australie ?
P.N. : Oui, je suis toujours à Albany,
reporter pour le journal local.
Mon adresse est 11, rue Gordon.
O.'B. : S'il te plaît, aide-moi, Paul.
J'ai des ennuis.
P.N. : Que se passe-t-il ?
O.'B. ; Pas de chambre pour moi !
P.N. : Oh, ne t'en fais pas !
J'ai une idée.
(Au réceptionniste) :
Alan Black est-il sur la liste ?
Réc. : Oui, monsieur,
Alan Black du Canada.
P.N. : Je suis Paul Norman,
reporter d'Australie.
M. Black est mon ami.

He isn't in London.	Il n'est pas à Londres.
Rec. : Are you sure ?	Réc. : En êtes-vous sûr ?
P.N. : Absolutely.	P.N. : Absolument.
And this lady has no room.	Et cette dame n'a pas de chambre.
Can she have his ?	Peut-elle avoir la sienne ?
Rec. : Well... I think she can...	Réc. : Eh bien... je pense que oui...
Here's the key.	Voici la clé.
O.'B. (now happy) :	O.'B. (contente maintenant) :
Oh, Paul, you're a great guy !	Oh, Paul, tu es un chic type !
Thanks a lot !	Merci beaucoup !
The porter brings in	(Le porteur apporte
two heavy suitcases.	deux lourdes valises.
An elegant man follows him in.	L'homme élégant entre derrière lui.
The man comes up to Paul.)	L'homme vient vers Paul.)
A.B. : Hello Paul !	A.B. : Salut, Paul !
Nice to see you again !	Agréable de te revoir !
P.N. : Hello Alan !	P.N. : Salut, Alan !
What a surprise !	Quelle surprise !
A.B. (to the porter) :	A.B. (au portier) :
Take my cases to room 326.	Portez mes valises à la chambre 326.

P.N. : Wait a minute, Alan.	P.N. : Attends un instant, Alan.
Meet my friend, Irene O'Brien.	Voici mon amie Irene O'Brien.
She's a writer.	Elle est écrivain.
Irene, this is Alan Black.	Irene, c'est Alan Black.
He's an actor.	Il est acteur.
A.B. : Happy to meet you.	A.B. : Heureux de vous rencontrer.
O.'B. : I'm sorry...	O.'B. : Je suis désolée...
Er... I'm glad...	Euh... je suis contente...
(Paul tells Alan everything.)	(Paul raconte tout à Alan.)
A.B. : I've got an idea.	A.B. : J'ai une idée.
I can help you.	Je peux vous aider.
You and I can share my room.	Toi et moi pouvons partager ma chambre.
Mrs. O'Brien can have yours.	Mme O'Brien peut avoir la tienne.
P.N. : O.K.	P.N. : D'accord.
O.'B. (to Alan) :	O.'B. (à Alan) :
Thank you very much.	Merci beaucoup.
It's very kind of you.	C'est très gentil à vous.

On the Third Floor	*Au troisième étage*
(Daisy Gray is in front of room n° 328.)	(Daisy Gray est en face de la chambre n° 328.)
(She cannot open the door.)	(Elle ne peut ouvrir la porte.)
Roland Roman :	Roland Roman :
Who is there ?	Qui est là ?
D.G. : It's me, Daisy Gray.	D.G. : C'est moi, Daisy Gray.
R.R. (opens the door) :	R.R. (ouvre la porte) :
What can I do for you ?	Que puis-je faire pour vous ?
D.G. : I think this is my room.	D.G. : Je pense que c'est ma chambre.
R.R. : I'm sure this is my room.	R.R. : Je suis sûr que c'est la mienne.
Look at my reservation :	Regardez ma réservation :
Roland Roman, sociologist,	Roland Roman, sociologue,
44 Rome Road, Dover	44, rue de Rome, Douvres,
Room n° 328.	Chambre n° 328.
D.G. : And here is my reservation (reads).	D.G. : Et voici ma réservation (lit).
Daisy Gray, playwright,	Daisy Gray, auteur dramatique,
Pennsylvania, USA.	Pennsylvanie, USA.
Park Hotel, room n° ...	Hôtel du Parc, chambre n° ...

Sorry, it's my fault,
Number 330.
R.R. : That's all right.
Your room is next to the lift.
Let me help you
with your luggage.

On the Second Floor

Paul and Alan hear a voice :
Silence !
Attention !
Shoot !
(They knock at the door
of room 205.
They go in.)
A.B. : What's the matter ?
Can I help you ?
Lucy Lucas :
Who are you ?
A.B. : Are you all right ?

Pardon, c'est ma faute,
numéro 330.
R.R. : Cela ne fait rien.
Votre chambre est à côté de l'ascenseur.
Laissez-moi vous aider
pour vos bagages.

Au deuxième étage

Paul et Alan entendent une voix :
Silence !
Attention !
Shoot ! (Tirez.)
(Ils frappent à la porte
de la chambre 205.
Ils entrent.)
A.B. : Que se passe-t-il ?
Puis-je vous aider ?
Lucy Lucas :
Qui êtes-vous ?
A.B. : Vous allez bien ?

L.L. : Of course, I'm all right !	L.L. : Bien sûr que je vais bien !
Oh, yes, I see...	Oh oui, je vois...
Let me explain.	Laissez-moi expliquer.
They are actors.	Ils sont acteurs.
We are here to shoot a film.	Nous sommes ici pour tourner un film.
We must try the camera.	Nous devons essayer la caméra.
A.B. : Then, you are Lucy Lucas.	A.B. : Alors, vous êtes Lucy Lucas.
L.L. : Yes, that's my name.	L.L. : Oui, c'est mon nom.
A.B. : The film producer from Liverpool ?	A.B. : La productrice de films de Liverpool ?
L.L. : That's right.	L.L. : C'est cela.
Ann Crystal :	Ann Crystal :
Why, Lucy, this is Mr Black !	Eh mais, Lucy, voici M. Black !
L.L. : Oh, yes, hello Mr Black.	L.L. : Oh oui, bonjour M. Black.
This is your new partner :	Voici votre nouvelle partenaire :
Ann Crystal, the actress from Bristol.	Ann Crystal, l'actrice de Bristol.
A.B. : Delighted !	A.B. : Ravi !
(To Geoffrey Jackson :)	(A Geoffrey Jackson :)
Are you the director ?	Êtes-vous le metteur en scène ?

G.J. : No, I'm not, I'm Geoffrey Jackson, a stage manager from Cambridge. But here, I'm a cameraman. A.B. : So now ; we begin our work together. L.L. : Remember ! A good beginning is half the battle !	G.J. : Non, Je suis Geoffrey Jackson, régisseur de théâtre, de Cambridge. Mais ici, je suis cameraman. A.B. : Ainsi, maintenant, nous commençons à travailler ensemble. L.L. : Souvenez-vous ! Bien commencer c'est gagner à moitié !

Les concerts : séance active, séance passive

Une fois la présentation entière du dialogue terminée, le professeur s'installe confortablement dans son fauteuil et annonce le concert à venir. Marlyse demande aux étudiants de suivre le texte des yeux en même temps que la traduction, et de répéter pour eux-mêmes s'ils le désirent.

Quelques secondes après, et sans aucune manipulation d'appareil par le professeur, une voix sortant des haut-parleurs annonce les *symphonies nº 67 en sol majeur et nº 68 en ré bémol majeur* de Haydn. Après quelques instants d'écoute, Marlyse commence la lecture du dialogue en anglais, en suivant les modulations de la musique.

Elle ne tient pas compte de la signification du texte pour moduler sa voix, mais elle arrive à faire coïncider les phrases anglaises avec les phrases musicales. Elle donne l'impression de vouloir intégrer les sons de la langue aux sons de la musique, de les amalgamer pour que l'ensemble ne fasse plus qu'un tout harmonieux. Par moments, selon la phrase musicale, sa voix prend un ton solennel, s'adoucit jusqu'au chuchotement, devient plus habituelle, sans jamais être dépourvue d'émotivité.

Il est sûr que l'entraînement et une bonne compréhension de la musique permettent d'oser une pareille lecture, extrêmement étonnante à la première écoute, mais dispensatrice d'un plaisir certain. A la fin de cette lecture, les étudiants ferment leur livre et attendent, dans un silence complet, le début de la séance passive.

Après quelques instants, la voix qui sort des haut-parleurs annonce les *concerti op. 4, 10, 11, 12* de Corelli. Au bout de quelques instants, Marlyse commence la deuxième lecture du dialogue. Maintenant, elle lit d'une voix légère, satisfaite et facile, toujours en suivant au plus près le rythme de la musique.

A la fin du concert, elle dit au revoir très doucement et

sort immédiatement. Les étudiants se lèvent et sortent, silencieux et probablement aussi intrigués que les observateurs.

Le deuxième jour

A l'heure dite, tout le monde est présent dans la salle lorsque le professeur arrive. Commence alors la phase de première exploitation.

Après quelques petits commentaires sur le premier chapitre du dialogue pour rappeler la situation : l'arrivée à l'hôtel, les étudiants, par deux, sont l'un le réceptionniste et l'autre le nouvel arrivant qui réserve une chambre.

Pendant l'exploitation de cette situation, Marlyse passe d'un groupe à l'autre, écoute et encourage du geste, de la voix le moindre effort d'expression, qu'il se manifeste en anglais ou en bulgare. Elle ne juge pas le résultat obtenu, ne corrige pas les fautes directement et immédiatement mais reformule, avec douceur et naturel.

Chaque partie du dialogue sera travaillée en petits groupes de deux ou trois. Il y a aussi des exercices sous une forme agréable, ainsi, pour l'exploitation de « to be » au présent par exemple, le professeur dit :

— I'm from Leeds
  (Je suis de Leeds.)
— I'm an engineer.
  (Je suis ingénieur.)
— Who am I ?
  (Qui suis-je ?)

Il se trouve quelqu'un pour répondre :

— You're Peter Reeves.
(Vous êtes Peter Reeves.)

Sous la forme d'un jeu de devinettes, toutes les identités seront reprises et ainsi tout le monde aura de nouveau entendu et répété l'ensemble des sons du système phonétique anglais.

Un peu plus tard, Marlyse, après avoir montré les lieux d'origine de chacun sur une carte de Grande-Bretagne et donné quelques renseignements géographiques, pose des questions à chacun sur sa ville d'emprunt :

— Is Leeds a big city ?
(Est-ce que Leeds est une grande ville ?)
— Is it clean ?
(Est-ce une ville propre ?)
— Is the air fresh in Leeds ?
(L'air est-il vif à Leeds ?)

Elle souffle les réponses au début, mais obtient très rapidement des expressions personnalisées selon les lieux. Chacun maintenant semble avoir investi sa ville dont il n'avait probablement jamais entendu parler la veille. La conversation prend une tonalité affective et on s'amuse à faire semblant.

Ainsi par exemple, comme Leeds est une grande ville industrielle et qu'il le sait, le Peter Reeves du groupe répond aux questions précédentes en prenant un air de regret, et d'une voix qui se veut triste :

— No, the air isn't fresh in Leeds.
(Non, l'air n'est pas vif à Leeds.)

La forme négative a été introduite à la faveur d'une nécessité du dialogue, avec traduction immédiate, sans aucune remarque ni explication.

La chanteuse Linda King, elle, à qui on a décrit sa ville de Kingston comme un endroit résidentiel et calme du bord de mer, répondra d'un air souriant et gai :

— Yes, the air is fresh and clean in Kingston.
(Oui, l'air est vif et pur à Kingston.)

Il s'agit là bien sûr d'une exploitation classique d'un texte, comme on fait toujours en cours de langue. Mais ce qui est obtenu, le plus souvent dans un cours traditionnel, ce sont des phrases récitées, sans tonalité affective, comme décolorées.

Ici, il est frappant de voir la vitesse avec laquelle les étudiants ont accepté de reproduire les notions nouvelles avec affectivité. Ils s'expriment mal, mais avec plaisir, et d'une manière parfaitement adaptée au contexte.

Au bout d'une heure et demie, un divertissement musical sort des haut-parleurs pour annoncer la demi-heure de pause. C'est le moment du thé et des commentaires entre enseignants.

Marlyse, qui a enseigné auparavant selon les méthodes classiques, comprend qu'un professeur puisse réagir négativement en la voyant accepter d'entendre des phrases quelquefois à la limite du compréhensible, sans corriger énergiquement.

Elle dit simplement que, pour le moment, l'essentiel est que les étudiants s'expriment avec plaisir. Aussi, elle s'arrange toujours pour corriger d'une manière indirecte et plusieurs fois en un court laps de temps — je l'avais remarqué en effet. Elle affirme également qu'il suffit d'avoir la patience d'attendre un peu avant de juger des résultats.

A la reprise, il reste la moitié du dialogue à exploiter. Le professeur passe rapidement d'un exercice présenté comme un jeu à l'autre. Les étudiants n'ont pas le temps de s'appesantir sur les difficultés éventuelles, ils sont gardés constamment dans le vécu immédiat.

Après une courte chanson, Marlyse prend un ballon et le lance à l'un d'eux en disant :

— We're delegates.
(Nous sommes des délégués.)

Celui qui a reçu le ballon le renvoie à quelqu'un d'autre en essayant de dire aussi quelque chose qui définira l'ensemble du groupe :

— We're in London.
(Nous sommes à Londres.)

Un autre encore :

— We're at the Park Hotel.
(Nous sommes à l'hôtel du Parc.)

Puis arrivent les hésitations, il n'y a pas encore beaucoup d'éléments pour se définir, surtout en tant que groupe. Profitant de la situation, Marlyse souffle d'un air malicieux, avec traduction très rapide et chuchotée :

— We aren't in Leeds.
(Nous ne sommes pas à Leeds.)

L'observateur-professeur voit ici l'introduction de la négation plurielle de « to be » au présent simple. Le groupe n'en a cure. La phrase est reprise immédiatement, la personne qui reçoit le ballon maintenant lance dans un élan :

— We aren't in Sofia, we're in London !
(Nous ne sommes pas à Sofia, nous sommes à Londres !)

L'éclat de rire général termine ce jeu.

Lorsque la musique se fit entendre à nouveau pour annoncer la fin de cette deuxième journée, le dialogue entier avait été exploité. Les moyens utilisés avaient été le jeu de rôles, les exercices structuraux sous forme de jeux, les chansons et histoires drôles.

En trois heures, les étudiants avaient tous utilisé environ deux cents mots dans la conversation, ils avaient entendu et répété tous les sons de la langue anglaise. Ils avaient manipulé les trois formes affirmative, interrogative, négative de l'auxiliaire « to be » (être), fait connaissance avec le modal « can » (pouvoir), rencontré d'autres points grammaticaux encore, tels les articles définis, indéfinis, les pluriels des noms et des adjectifs.

Ils s'étaient bien amusés.

Le troisième jour

Un observateur canadien est arrivé aujourd'hui. Il se présente en anglais et pose des questions à chacun en leur demandant leur nom, profession. Chacun répond avec aisance et humour.

Ainsi, lorsque Linda King se présente et dit :

— I'm a singer.
(Je suis chanteuse.)

Quelqu'un, parmi les étudiants, intervient :

— Yes, she's a famous singer.
(Oui, c'est une chanteuse célèbre.)

— A *very* famous singer !
(Une chanteuse très célèbre !)

affirme un autre, avec une forte intonation emphatique. Les rires fusent, le groupe est devenu un groupe.

Toute la première partie de cette troisième journée, qui dure une heure et demie, sera consacrée à la deuxième exploitation du même dialogue, en une réutilisation du matériel appris à un niveau plus général et plus global.

Cette réutilisation se fera par des sketches dont on leur soufflera le sujet d'abord, puis que les étudiants devront composer eux-mêmes. Divers jeux et chansons interviendront. A un moment, l'introduction à l'écriture se fera sous le prétexte d'une fiche d'hôtel à remplir et à présenter à un réceptionniste récalcitrant.

Cette partie du cours se terminera dans la joie et la drôlerie d'une réunion d'amis.

Après la pause, un nouveau cycle commence avec la présentation du deuxième dialogue, qui contient deux cents mots et structures nouvelles supplémentaires.

Ainsi, le cours dans son ensemble est ordonné selon un plan précis. On peut en schématiser le déroulement de la manière suivante :

PREMIER JOUR :

Durée	*Programme*
1 h 30	Le test
30 minutes	Pause.
1 h 30	Distribution des rôles. Présentation du premier dialogue et concerts.

DEUXIÈME JOUR :

Durée	*Programme*
1 h 30	Première exploitation du dialogue 1.
30 minutes	Pause.
1 h 30	Première exploitation du dialogue 1 (fin).

TROISIÈME JOUR :

Durée	*Programme*
1 h 30	Deuxième exploitation du dialogue 1.
30 minutes	Pause.
1 h 30	Présentation du deuxième dialogue et concerts.

QUATRIÈME JOUR :

Comme pour le deuxième jour, mais avec le deuxième dialogue.

CINQUIÈME JOUR :

Comme pour le troisième jour mais avec le deuxième dialogue, puis le troisième.

Après cette troisième journée d'observation, il était devenu évident pour moi que la méthode suggestopédique avait réussi à réunir en un système cohérent de nombreux éléments favorables à l'apprentissage.

Mis à part les étranges séances de concert, toutes ces techniques facilitant l'intégration des connaissances, comme le travail en équipe, les chansons, les sketches, sont connues et utilisées par les enseignants depuis longtemps, mais d'une manière occasionnelle le plus souvent, non comme faisant partie d'un cours d'une manière aussi structurée qu'à Sofia.

Cependant, l'introduction systématique d'un certain nombre d'éléments facilitant le processus d'apprentissage ne suffit pas à expliquer l'importance des résultats finals obtenus. Car quelque chose se dégage du cours suggestopédique, difficile à cerner pour l'observateur qui ne participe pas, reste en dehors de la vie du groupe, essaie d'analyser les événements sans le support complémentaire et éclairant du sentiment vécu.

Curieusement, durant ces premiers jours à l'Institut, la voix acide et désemparée d'Arletty dans le film *Hôtel du Nord* revenait aux oreilles de ma mémoire : atmosphère ! atmosphère ! Il fallait certainement essayer de comprendre les sources de ce climat particulier créé en classe, fait d'une sorte de calme gai, serein et contagieux. J'en ressentais moi-même les effets. Il fallait donc considérer toutes les particularités du cours suggestopédique, et y réfléchir.

Le cours suggestopédique est conduit à un rythme étonnamment accéléré, avec une grande rigueur méthodologique mais presque invisible, surtout les premiers jours. En même temps, les activités se déroulent avec simplicité et une sobriété de moyens assez remarquables. Le professeur, en effet, utilise du papier, le tableau noir, un ballon, des fleurs artificielles.

Cette absence de technologie n'est pas due à un manque de moyens financiers. Le laboratoire de psycho-physiologie regorge d'instruments de mesure ultra-modernes et coûteux. La non-utilisation en classe d'appareils sophistiqués — ces béquilles spirituelles selon le mot de J. Piaget — relève d'une décision concertée.

Pour demander l'envoi de la musique du concert, Marlyse appuie sur un bouton dissimulé sous le bras du fauteuil, qui déclenche un signal dans la salle de contrôle munie elle aussi d'un appareillage moderne. L'opérateur, au signal, met le magnétophone en marche. Ainsi, le professeur est perçu comme ne s'occupant pas de l'aspect technique de son enseignement, il est là pour se consacrer uniquement à ses étudiants.

Particulièrement frappant d'ailleurs est le maintien solennel du professeur durant les séances de concert, qui amène le silence et l'attente des étudiants. Le reste du temps, durant les autres phases du cours, Marlyse observe une attitude d'accueil chaleureuse, mais réservée. Durant les jeux, qu'elle mène avec gaieté et entrain, ce n'est jamais elle qui rit le plus fort.

Arrivée juste au début du cours, une fois que tout le monde est déjà installé, elle part tout de suite après l'annonce musicale de la fin, sans paraître rechercher les rapports amicaux qui se nouent souvent entre l'enseignant et les adultes de formation permanente. Mais elle accepte volontiers un entretien et répond aux demandes des étudiants.

Durant les cours, un autre sujet d'étonnement est ce constant aller-retour de la langue maternelle à la langue apprise et de la langue apprise à la langue maternelle, le contraire de ce qui se fait actuellement. D'après les méthodes modernes, il faut éviter au maximum le recours à la langue maternelle, afin de mettre les étudiants en situation et supprimer les interférences. Il est vrai que cette règle commence à être observée d'une manière moins rigoureuse, surtout pour l'enseignement aux débutants. Mais ici, à Sofia, on en a pris le contre-pied, carrément.

Encore plus étonnant peut paraître ce principe de non-correction directe et l'acceptation totale par le professeur d'une production langagière approximative de la part des étudiants, surtout au début. Il faut reconnaître que le fait de ne pas les interrompre pour les corriger les amène à s'exprimer très vite, et d'abondance.

A. Pagès, professeur de psychologie sociale, a insisté il y a quelques années sur l'importance qu'il y a pour un enseignant à bien distinguer la dimension des attitudes de celle des techniques pédagogiques.

Il devenait clair pour moi, après quelques jours d'observation, que la méthode d'enseignement suggestopédique était bien autre chose qu'une simple technique. Il devenait évident aussi qu'essayer d'en comprendre les principes allait impliquer une remise en question professionnelle, et très probablement personnelle.

Il faut le reconnaître, pour le professeur comme pour l'étudiant, « l'enseignement est toujours plus que l'enseignement [1] ».

Cinq semaines plus tard

Au cours des dix dialogues étudiés, il arrive des aventures aux étudiants délégués au congrès. Ils vont chez des amis, visitent Londres, Oxford. Ils passent une soirée au restaurant, au théâtre, font des achats dans les grands magasins. Ils discutent aussi de divers problèmes sociaux, philosophiques.

Dans le programme prévu sur les vingt-cinq jours de cours — soixante-quinze heures d'enseignement effectif — on a ménagé deux interruptions pour des leçons traditionnelles de grammaire. Elles sont destinées à clarifier les notions en les présentant sous une forme systématisée, et à satisfaire le besoin de rationalisation des étudiants. Cependant, chaque explication est suivie de conversations

1. G. Gusdorf, *Pourquoi des professeurs,* p. 15.

et de jeux d'application du point grammatical venant d'être exposé.

Au bout de cinq semaines, après avoir passé le test de fin de stage qui permettra de calculer son pourcentage d'acquisition, le groupe monte une représentation qu'il a entièrement et librement composée.

Pour les étudiants de Marlyse, ce spectacle prend la forme d'une émission télévisée d'actualités. Prévenus seulement la veille, ils se sont distribué des rôles et ont organisé l'émission, découpée en rubriques sur différents sujets. Ainsi deux présentateurs, imitant avec une aisance déconcertante l'attitude habituelle des journalistes des actualités télévisées, amènent avec humour l'interview d'un homme politique, un compte rendu d'une pièce de théâtre, le reportage d'un match de football, une enquête sur la mode, la présentation d'un conteur d'histoires drôles...

L'ensemble du spectacle dure presque une heure et chacun dans le groupe parle durant au moins trois ou quatre minutes d'affilée. Les présentateurs, très conscients de l'importance de leur rôle d'animateurs, interrompent souvent les reporters. Ils gênent surtout beaucoup celui qui s'est chargé de relater un match de football car il s'exprime lentement. Finalement, il laisse échapper un péremptoire « silence please ! » qui soulève l'hilarité générale et lui permet d'exposer tranquillement ce qu'il avait prévu de raconter.

Ces personnes qui ne parlaient pas l'anglais il y a si peu de temps s'expriment maintenant avec grand plaisir et sans aucune réticence. A partir de la troisième semaine environ, l'accent a commencé à s'améliorer sensiblement chez tous, pour devenir à présent acceptable, et comparable — toutes proportions gardées selon les particularités phonétiques spécifiques du bulgare et du français — à l'accent d'étudiants français ayant bénéficié d'un an ou deux de travail en laboratoire de langues.

Dans tout ce qui se dit durant la représentation, il y a peu de fautes de grammaire et elles se produisent le plus souvent dans des structures complexes dont l'étude dépasse le programme d'un premier stage d'initiation tel que celui-là.

Mais surtout, l'intonation des étudiants est adaptée au contexte et personne ne produit une phrase neutre, plate ou linéaire. Tout ce qui se dit est chargé de signification et d'émotivité, et l'anglais est devenu un moyen de communication inter-personnelle. De plus, les étudiants prouvent qu'ils ont intégré les connaissances car ils les réutilisent dans des situations différentes de celles dans lesquelles elles ont été présentées en classe, et ce toujours à bon escient et avec humour.

D'évidence, ils ont acquis le savoir-faire de leur savoir, le plus difficile à obtenir dans l'apprentissage, et notamment l'apprentissage des langues. Et ce résultat paraît encore plus précieux pour les étudiants que le développement, pourtant très loin d'être négligeable, de leur mémoire. D'ailleurs, cette hypermnésie et cette facilité pour parler la langue étrangère ne sont que les manifestations, parmi d'autres, d'un épanouissement général de la personnalité de chacun, se traduisant aussi par une authentique gaieté, la confiance en soi, le jugement critique mais serein, l'absence d'inhibition, la sociabilité. Et une opinion actuelle sur l'enseignement se trouve ici justifiée, qui voit l'apprentissage efficace comme une forme de psychothérapie, dans la mesure où il impose une évolution personnelle [1].

1. F. Saféris, in *Recherche pour une relation pédagogique positive entre le professeur de langues et ses étudiants adultes* (mémoire de maîtrise non publié).

Exemplaire paraît le cas de l'Arthur Parker du groupe de Marlyse, dans la vivacité de sa motivation nouvelle pour continuer à se perfectionner en anglais après ces cinq semaines d'acquisition pourtant particulièrement intensive.

Il est vrai débutant, mais quelques souvenirs de français appris à l'école lui avaient permis de reconnaître un peu de vocabulaire au test d'entrée. Il était celui qui avait obtenu le pourcentage le plus faible dans le groupe de faux débutants de Marlyse.

Au bout de la première semaine de cours, il était inquiet en constatant que les autres progressaient plus vite que lui. Et comme il habitait la grande banlieue de Sofia, venir à l'Institut tous les matins avant la journée de travail normal représentait un long trajet double et une fatigue peut-être inutile. Il en avait parlé à Marlyse et songeait à abandonner. Mais celle-ci, tout en reconnaissant ses difficultés, lui avait demandé de patienter avant de prendre sa décision, et l'avait chaleureusement encouragé.

J'ai été le témoin étonné et ému des progrès accomplis progressivement par Arthur à partir de la troisième semaine environ. Et après ces cinq semaines, il parlait, lentement il est vrai et avec hésitation par rapport aux autres, mais il était le plus écouté du groupe, parce que le plus spirituel, ayant choisi de s'exprimer par boutades, bons mots, remarques drôles.

Il se trouvait que c'étaient les proverbes, les plaisanteries, les calembours dont le manuel est truffé qu'Arthur avait le mieux retenus. Il ne les utilisait d'ailleurs pas tels quels mais les adaptait toujours d'une manière inattendue avec un humour plein d'à-propos.

Le dernier jour du cours, nous avons pu bavarder un moment, en anglais bien sûr. Arthur me montra les livres qu'il venait d'acheter pour continuer l'étude de l'anglais seul. C'étaient des manuels très classiques, d'aspect touffu. Il les feuilletait en les commentant, avec la satisfaction paisible que procure une grande confiance en soi. Il était tout à fait inutile de lui souhaiter bon courage.

Le professeur

Dans un cours suggestopédique, plus peut-être encore que dans d'autres méthodes, le professeur constitue le facteur déterminant pour le succès de l'enseignement.

Il jouit à l'Institut du statut universitaire. Il enseigne quatre heures par jour pour assurer un stage complet, et s'arrête pendant au moins une semaine avant d'en diriger un autre à nouveau. C'est tout le groupe des professeurs qui est chargé de la recherche pédagogique, écrit les manuels, élabore les tests.

Pour devenir professeur à l'Institut, il faut déjà être enseignant confirmé et se porter candidat. Celui-ci, après un certain temps d'observation des cours, se voit confier la responsabilité d'un groupe avec le soutien des autres professeurs.

Ce n'est là qu'une première étape qui engage un processus de formation. L'admission définitive se fait après passage d'un examen théorique et pratique. Le suggestopédagogue est considéré comme étant en formation constante, même après dix ans de pratique.

Le jour de mon arrivée, on m'avait annoncé qu'au bout d'une semaine d'observation, je devrais diriger un groupe. A mon expression inquiète, on répondit par des assurances sereines et souriantes que tout irait bien, et de toute façon les professeurs me soutiendraient de leur présence, de leurs conseils.

La première semaine de ma formation pratique, je m'attachai donc à reproduire, les après-midi avec mon groupe, ce que j'avais observé les matins. Un professeur bulgare restait avec moi pour servir d'interprète.

Rapidement mise en confiance par les progrès de mes étudiants, je préparai les leçons d'une manière plus personnelle tout en m'efforçant de respecter les principes suggestopédiques dont je commençais à comprendre la portée.

Je reconnais avoir été étonnée de la manière dont les étudiants absorbaient les connaissances et les utilisaient ; intriguée même. Et aussi, j'étais interloquée d'avoir provoqué moi-même, pour une bonne part, un tel phénomène. C'était vraiment inhabituel.

« L'enseignement commence quand toi, le maître, tu apprends du disciple, quand tu t'installes dans ce qu'il a compris, dans la manière dont il l'a compris », dit Kierkegaard. L'enseignement enseigne au moins autant à l'enseignant qu'à l'étudiant ; et une expérience suggestopédique de ce point de vue est particulièrement enrichissante.

L'Alan Black de mon groupe avait les yeux brillants du plaisir de l'attente, lorsque nous organisions un jeu. Il parlait si bien à la fin du cours que je pensais qu'il avait déjà pratiqué l'anglais auparavant d'une manière ou d'une autre. Vérification faite, il était débutant.

Et Ruth Smith avait un sourire très timide et s'exprimait peu, étant de nature réservée. Au test d'expression orale de fin de stage, elle parlera de sa famille, d'elle-même, de son travail pendant dix minutes, dans un anglais un peu retenu, mais d'une parfaite correction. J'avais sous-estimé, au cours des semaines, la qualité de son assimilation.

Il faudrait parler de Robert Fox qui, de connivence avec Arthur Parker, racontait des histoires drôles et nous faisait rire. Et aussi de Linda King, qui refusait, en toute modestie, d'être une chanteuse aussi célèbre qu'on disait ; et de

Shirley Burton qui faisait semblant d'oublier son magnétophone imaginaire, et de tous les autres, dans la richesse de leur fantaisie éveillée.

Une expérience comme la mienne ne constitue qu'une première étape pour une formation. Il me faudra, selon le Dr Lozanov, diriger plusieurs cours, puis revenir prendre conseil régulièrement à Sofia.

Je rentrai donc à Paris avec la permission d'organiser une première expérience dans le cadre universitaire, pour voir tout d'abord si des résultats satisfaisants pouvaient être obtenus après transposition de la méthode dans un environnement culturel et des conditions d'utilisation différents de la Bulgarie.

La première expérience suggestopédique d'enseignement de l'anglais en France eut lieu en novembre-décembre 1977 à la Formation Permanente de l'Université de Paris III-Sorbonne Nouvelle. Malgré des conditions matérielles difficiles à mettre en place dès ce premier cours, celui-ci suscita un vif intérêt chez les observateurs, et l'enthousiasme des participants. Un enregistrement magnétoscopique a été fait de leur improvisation du dernier jour, et rend compte de la manière vivante et active dont a été assimilée la langue apprise.

Le développement de la méthode suggestopédique dans un contexte français est assuré depuis 1978 par l'École Française de Suggestopédie, Association pour la Recherche pédagogique. Créée pour veiller à maintenir la rigueur des principes de base de la théorie suggestologique dans l'organisation des cours et la formation des suggestopédagogues, elle constitue aussi un lieu d'observation pour les chercheurs de tous pays (cf. *infra*).

Les expériences bulgares ont montré que les résultats peuvent être encore meilleurs chez les participants d'un cours suggestopédique qui connaissent les fondements de la science suggestologique, comprennent les principes suggestopédiques et savent ce qu'il est scientifiquement possible d'en attendre.

Voici donc...

LA SUGGESTOLOGIE

« Une science de l'art de libérer et stimuler la personnalité. »

Dr G. LOZANOV [1].

1. *Souguestologuia.* (La pagination des citations extraites de cet ouvrage ne peut être indiquée, la présente étude se faisant à partir d'une traduction privée de l'édition en bulgare.)

1986 : Cette œuvre est maintenant éditée en anglais et français (cf. Bibliographie).

1.

UNE NOUVELLE SCIENCE [1]

Les débuts

Dans *Suggestology and Outlines of Suggestopedy* [2], G. Lozanov raconte comment, dès 1955, il avait remarqué, au cours de sa pratique psychothérapeutique, que non seulement la suggestion guérit, mais aussi qu'elle « libère des potentiels psychiques importants et même mnésiques ».

A cette époque, un homme, soudeur à l'arc de profession, venait régulièrement au centre de psychothérapie. Un jour, il se présenta à la consultation, très fatigué et déprimé. Il devait se rendre le jour même à des cours du soir, et se plaignait de n'avoir pu apprendre le poème qu'on lui avait demandé de savoir par cœur.

---

1. L'approche théorique qui suit constitue seulement une courte présentation, aussi fidèle que possible, de la monumentale œuvre bulgare. Il s'agit de la clarifier pour le non-spécialiste, d'en faire saisir l'importance actuelle et de donner envie au lecteur d'aller à la source pour en constater lui-même la richesse.

Les références à d'autres auteurs dans le cours de cette présentation servent à illustrer la thèse lozanovienne et à la placer dans le contexte général des préoccupations scientifiques de notre époque, en ce qui touche les sciences humaines.

2. Cf. Bibliographie.

En même temps que la suggestion thérapeutique, faite à l'état de veille, sans hypnose, pour soigner ce cas particulier, G. Lozanov fit des suggestions afin de stimuler le tonus général et spécialement la mémoire de son patient. Celui-ci quitta l'établissement d'excellente humeur.

Il revint le jour suivant dans un grand état d'excitation joyeuse, en criant au miracle, en demandant ce qui s'était passé. Durant le cours, il avait récité le poème entier par cœur, alors qu'il ne l'avait entendu qu'une seule fois durant la leçon.

Devant ce succès, on recommença l'expérience avec des personnes préparant des examens difficiles, pour s'assurer qu'il s'agissait d'autre chose que d'un phénomène accidentel. Bientôt, il n'y eut plus de doute sur l'existence de possibilités de développement de la mémoire dans des conditions psychologiques favorables, à l'état de veille, et donnant des résultats meilleurs que sous hypnose. En 1964, il était désormais certain que l' « hypermnésie suggestive existe vraiment [1] ».

La science de la suggestion, ou *Suggestologie,* était née, qui *étudie les influences de l'environnement sur l'homme,* et cherche à établir les conditions nécessaires pour l'apparition des phénomènes suggestifs permettant de solliciter les potentiels humains.

Les premières expériences sur des groupes eurent lieu en 1964. Puis en 1965 fut créée une équipe suggestopédique pour continuer les expériences dans le cadre de l'Institut de Recherches pédagogiques, et qui fut chargée d'étudier les problèmes soulevés par l'apprentissage des langues étrangères selon la méthode suggestopédique, sur une grande échelle.

On organisa une expérience pour enseigner mille mots étrangers en une seule journée. En une séance, on obtint

1. G. Lozanov, *Souguestologuia.*

avec quinze personnes âgées de vingt-deux à soixante ans de diverses professions une mémorisation de 98,08 p. cent de ces mille mots.

Ces résultats étonnants menèrent à la création d'un centre de recherche indépendant en 1966, qui fut chargé « d'entreprendre des recherches en psychologie et physiologie de la suggestion, de développer le système suggestopédique d'enseignement et d'apprentissage, et d'étudier les domaines liés à l'activité mentale inconsciente [1] ». Ce centre devint, en 1971, l'Institut de Suggestologie.

L'homme dans son environnement

Dans son ouvrage, G. Lozanov dit que « nous sommes enseignés et éduqués par l'environnement et pour l'environnement dans lequel nous vivons ». Pour une bonne part, notre éducation, notre milieu familial et social nous font ce que nous sommes.

La recherche en psychologie sociale apporte déjà de nombreuses informations sur l'individu en tant qu'il est influencé par d'autres individus [2]. Nous commençons à comprendre la dynamique de notre conditionnement qui nous soumet à une certaine norme, mais aussi fait de nous des humains dans une société donnée.

Ce conditionnement par l'environnement s'effectue à travers l'énorme quantité d'informations qui atteint le système nerveux et affecte l'état mental et le processus physiologique de chacun. Mais la conscience ne perçoit pas tout l'ensemble des influences et des interactions entre l'homme et son environnement.

Une grande quantité de perceptions sont enregistrées à

1. G. Lozanov, *Souguestologuia.*
2. *Cf.* Y. Castellan, *La Psychologie sociale.*

notre insu. Ainsi, nous connaissons l'existence de mouvements d'air, qui n'arrivent à notre attention que lorsqu'ils augmentent suffisamment d'intensité pour exciter les récepteurs de la surface du corps. Pour donner un autre exemple, on ignore toujours comment s'exercent les influences du champ magnétique, mais on sait qu'elles existent.

Et tout comme notre corps reçoit cet ensemble de stimulations physiques inconscientes, notre psychisme enregistre aussi une quantité innombrable de données sans intervention du contrôle cortical. Lorsque nous écoutons parler quelqu'un, nous nous formons une opinion sur son discours d'après le contenu de ce discours bien sûr, mais pas seulement.

Le ton de la voix, la manière dont la personne se présente, son aspect physique, son statut professionnel entre autres, tous ces facteurs contribuent à former notre jugement qui déterminera nos réactions, sans que nous en ayons toujours une conscience claire.

Ces influences subtiles n'avaient pas encore été étudiées scientifiquement parce qu'on estimait qu'elles n'avaient pas de valeur significative sur le comportement. Elles soulèvent l'intérêt de nombreux chercheurs dans divers pays maintenant, et sont considérées sous toutes les formes multiples qu'elles peuvent prendre : langage, couleur, vision, etc.

Dès 1916, H. Bernheim affirmait que « tout ce qui agit sur le psychisme est suggestion [1] ». Toutes les multiples sollicitations de l'environnement — géographique, social, familial, ethnique — seraient une forme de proposition constituant le ferment de l'activité humaine tout entière. Et ces sollicitations sont qualifiées de suggestives parce

1. *De la suggestion*, p. 212.

qu'elles agissent sur le psychisme inconscient et irrationnel.

La réaction humaine aux suggestions de l'environnement peut être individualisée, originale, créatrice. Elle peut aussi être conformiste, automatique, mécanique. En chacun de nous, à des degrés très divers, dans des proportions très diverses, existent ces deux formes de réaction.

Ainsi, la vue d'un même objet peut provoquer chez quelqu'un un sentiment de répulsion, chez l'autre une forme d'intérêt, chez un autre encore aucune réaction. Ces différentes réponses au même stimulus sont bien sûr conditionnées en partie par la combinaison complexe en chacun de son passé et de sa personnalité. Mais elles constituent une réponse individualisée à une même suggestion.

Tout autre est la réponse stéréotypée et automatisée du conformisme qui est en fait une soumission à la pression normative du groupe. La tendance conformiste d'une personne la fera réagir à la vue d'un objet en l'admirant si le groupe social auquel elle appartient l'admire, en le négligeant si son groupe social le néglige et sans tenir compte — en grande partie inconsciemment — de sa possibilité de réceptivité individuelle.

Il est évident qu'un certain degré de conformisme est indispensable au fonctionnement du groupe humain. Il est souhaitable d'observer les règles de politesse de la société dans laquelle on vit, ou le code de la route... Mais nous croyons aussi souvent, de par le conditionnement reçu, qu'apprendre d'une manière efficace est obligatoirement une épreuve pénible et triste, que mémoriser des notions oblige à des répétitions fastidieuses, qu'après un certain âge, ou un âge certain, il devient ridicule et inutile d'étudier, que nous pouvons absorber une quantité donnée de notions, et pas plus.

Or, d'après les recherches suggestologiques et les résultats de nombreuses expériences scientifiques dont nous allons rendre compte, il semblerait bien que ces idées reçues, enregistrées dans notre psychisme depuis l'enfance, soient erronées. Ou plutôt, il vaudrait mieux dire qu'elles se révèlent exactes dans la mesure où l'organisation sociale nous met dans des conditions qui les vérifient, elles deviennent fausses dans des conditions différentes. La norme sociale nous donne une certaine idée de nos capacités, nous sommes convaincus par les stimuli limitatifs de l'environnement d'un certain niveau impossible à dépasser, ce qui nous empêche évidemment de songer à les dépasser.

D'ailleurs, penser que la suggestion « consiste à faire dans l'esprit des autres une petite incision où l'on met une idée à soi », selon la formule de V. Hugo, est une vue tronquée du concept, qui résulte aussi du conditionnement subi. On peut admettre maintenant que considérer la suggestion uniquement comme une manœuvre frauduleuse, une manipulation, en réduit singulièrement la signification.

Le phénomène suggestif est partout. Il constitue une interrelation constante entre l'individu et son environnement, une forme de communication. Cette communication suggestive prend une importance toute particulière en éducation, dans l'enseignement, en médecine. De par l'affectivité engagée, les stimuli innombrables — et perçus en quantité innombrable — qui émanent des parents, des enseignants, des médecins pour développer, aider à apprendre, guérir, sont tout spécialement restrictifs ou profitables, le plus souvent sans que les parents, enseignants, médecins le sachent. Ainsi, par exemple, l'attitude du médecin, entre autres son sourire ou son expression sérieuse, un froncement de sourcils involontaire ou des gestes détendus, la manière dont il va prescrire, tous ces messages le plus souvent non contrôlés aident à décider de la gravité de la maladie avec une conviction bien plus grande que le discours verbal.

La science suggestologique, grâce aux recherches qu'elle effectue, commence à pouvoir définir quels stimuli sont négatifs à la perception inconsciente de la personne, parce que limitatifs, et lesquels sont positifs pour son développement.

2.

LES DONNÉES THÉORIQUES

La suggestibilité humaine

Elle se définit pour G. Lozanov comme « une qualité universelle de la personnalité humaine par laquelle s'exercent les interrelations inconscientes entre l'homme et son environnement [1] ».

Si nous absorbons une poudre blanche sans action en croyant que c'est de l'aspirine, souvent notre migraine s'efface. Nous avons alors répondu à la suggestion d'un placebo. L'évocation du médicament connu pour son efficacité et le rituel que constitue sa prise ont entraîné l'effet attendu.

Toute idée, qu'elle soit transmise par la parole, une émotion, un parfum, etc., vient d'une suggestion. Notre psychisme est ainsi fait qu'il transforme en idées les impressions reçues et celles-ci constituent la matière qui lui permet de fonctionner. Pour H. Bernheim, la « suggestibilité est l'aptitude du cerveau à recevoir ou évoquer des idées et sa tendance à les réaliser, à les transformer en actes [2] ». C'est ce qu'il appelle la loi de l'idéodynamisme.

---

1. G. Lozanov, « Foundations of Suggestology », in *Problems of Suggestology,* p. 71.
2. *De la Suggestion,* p. 26.

Ainsi, par exemple, un morceau de musique diffusé par la radio va nous faire ébaucher des pas de danse ou des mouvements rythmés du corps, et la suggestion de musique devient idée de mouvement. Ou encore, un enfant revient de l'école annonçant que certains de ses camarades ont des poux, et la simple idée que nous avons pu en attraper provoque rapidement des démangeaisons ! L'idée ici, venue d'une suggestion, est devenue sensation. Elle est émotion lorsqu'un film émouvant tire des larmes des spectateurs, ou acte organique quand on rit en voyant rire ou quand on bâille en voyant d'autres bâiller.

H. Bernheim dit aussi que « l'idée peut neutraliser un acte, inhiber un mouvement, une sensation, une image, une émotion, une fonction [1] ». Et les professeurs de langues par exemple savent bien comme la simple idée de devoir parler devant les autres peut serrer les mâchoires de certains des étudiants, ou les rendre incapables de trouver des mots pourtant bien connus. L'idée ici déclenche une inhibition qui se traduit par une non-réalisation de la suggestion.

De nombreuses expériences ont eu lieu pour mesurer la suggestibilité humaine, dont quelques-unes sont exposées dans l'œuvre de G. Lozanov [2]. Ainsi, le test du pendule de Chevreuil, qui date de 1954, consiste à faire tenir par le sujet une ficelle au bout de laquelle est fixé un poids. Le sujet doit essayer de garder le poids au-dessus d'une ligne droite tracée sur une table. L'expérimentateur annonce

---

1. *De la Suggestion*, p. 30.

2. Dès 1900, A. Binet publiait un ouvrage appelé *La Suggestibilité* pour décrire des expériences réalisées avec des enfants et prouver l'existence d'une suggestibilité naturelle, propre à l'être humain. Pour cet auteur, la suggestibilité est en rapport direct avec le développement intellectuel et la puissance d'imagination du sujet. Elle est « synonyme d'éducabilité » (p. 17).

que le pendule va commencer à se balancer le long de la ligne. Le degré de suggestibilité active du sujet est mesuré au nombre de balancements effectifs du poids et au degré de déviation.

Intéressant également est le test du corps qui s'incline. A une personne se tenant debout, on suggère qu'elle se penche en avant ou en arrière. La déviation qui intervient alors, par rapport à la verticale, donne le degré de suggestibilité.

Un autre test se fait les yeux fermés. Le sujet tient un ballon de caoutchouc dans les mains. L'expérimentateur lui dit plusieurs fois de presser fermement le ballon. Dans un second temps, il demande au sujet de presser le ballon aussi fort que possible et, au même moment, il lui suggère qu'il n'est plus capable de tenir le ballon dans ses mains. Le degré de suggestibilité est mesuré ici par la différence entre les forces de la pression exercée sur le ballon dans les deux cas.

Dans le domaine des relations sociales, il semble que les messages soient perçus selon la valeur que chacun leur accorde. Par exemple, lorsque quelqu'un parle, la suggestibilité des interlocuteurs vis-à-vis du discours de cette personne varie selon leur attitude envers elle. Et cette attitude elle-même dépend de nombreux facteurs.

Pour W. McDougall qui fit des recherches dès 1918 sur ce sujet, la présence d'une personne considérée comme inférieure à soi-même fait naître une pulsion d'affirmation de soi qui diminue la suggestibilité envers cette personne. Par contre, en présence de quelqu'un qui donne une impression de supériorité ou jouit d'une supériorité sociale quelconque, on observe une tendance à la soumission menant à une plus grande réceptivité envers cette personne. L'impression de force et de supériorité peut prendre des formes diverses : force physique, position sociale, niveau intellectuel, compétence professionnelle.

En 1955, une expérience eut lieu à l'Institut de Suggestologie, qui consistait à demander à des sujets d'arranger des extraits de poèmes bulgares dans l'ordre de leur valeur, sans indiquer les auteurs. Pour la seconde étape de l'expérience, on demanda à ces sujets de classer les mêmes extraits de poèmes, mais en leur donnant cette fois les noms des auteurs. Les résultats obtenus prouvent que le prestige des auteurs a une influence importante sur le jugement des sujets et leur compréhension de la valeur des extraits (*infra,* p. 106).

Les travaux de K.G. Stukat datant de 1958 montrent que la suggestibilité est plus grande chez les individus dont le statut social impose une plus grande subordination, jeunes par rapport aux adultes, femmes par rapport aux hommes, névrosés par rapport aux gens sains. Il en conclut que le degré de suggestibilité est déterminé par un certain nombre de facteurs subjectifs qui ont leur origine principalement dans la nécessité de subordination.

Mais c'est dans certaines situations précises que la suggestibilité des individus est la plus grande, situations au cours desquelles on observe une inhibition du système nerveux central, le grand directeur de l'activité consciente logique et critique. Cette inhibition se produit durant le sommeil naturel, l'état de relaxation quel que soit le moyen utilisé pour l'obtenir (yoga, training autogène, relaxation sophronique, médication chimique), durant une période de grande attention sur un sujet précis qui rétrécit le champ de la conscience, et bien sûr dans l'état hypnotique [1].

1. *L'hypnose :* Elle consiste en une inhibition du contrôle cérébral qui réalise une déconnexion physique et mentale et met l'organisme au repos. Elle peut s'obtenir par divers moyens psychologiques, physiques ou chimiques. La suggestibilité de la personne en transe hypnotique est très augmentée et un lien de

En 1969, E. F. Mordvinov et A. A. Genkin ont découvert à partir de leurs investigations électro-encéphalographiques, que la suggestibilité sous hypnose et la suggestibilité à l'état de veille étaient en fait deux phénomènes différents, ayant des mécanismes de réalisation différents.

A l'analyse des résultats, on a constaté que la suggestibilité sous hypnose est effectivement soumise à des conditions de plus grande inhibition, à une activité réduite du cortex cérébral, entraînant la passivité du sujet. La suggestibilité à l'état de veille se manifeste parallèlement aux

---

dépendance s'instaure entre l'hypnotiseur et l'hypnotisé. L'hypnose trouve ses indications en psychothérapie pour certaines pathologies précises. (H. Baruk, *L'hypnose.*)

Le training autogène : L'auteur de cette technique, un médecin psychothérapeute, J. H. Schultz (1884-1970), a cherché à faire induire un état de calme et de détente grâce à une déconnexion générale de l'organisme à l'aide d'exercices physiologiques et rationnels. Il a ainsi offert à toute personne bien entraînée la possibilité de bénéficier des avantages de la relaxation sans recourir à la technique hypnotique, ou au yoga. Le yoga présenterait en effet quelques inconvénients d'utilisation à grande échelle dans la société occidentale dans la mesure où il est une mystique et une ascèse. Le training autogène de Schultz a servi de base de recherche — tout comme le yoga d'ailleurs — pour l'élaboration de nombreuses techniques de relaxation. (J. H. Schultz, *Le training autogène.*)

La sophrologie : Cette science nouvelle, créée en 1960 par le neuropsychiatre A. Caycedo, étudie « l'harmonie de la conscience ». (H. Boon, Y. Davrou, J.C. Macquet, *La Sophrologie,* p. 70.) Elle réalise une synthèse moderne et de pratique aisée pour tous des diverses techniques de relaxation — orientales et occidentales. Toute une série d'exercices dits de sophronisation et de relaxation dynamique ont été mis au point et ont des indications médicales, thérapeutiques, prophylactiques, pédagogiques.

facultés critiques de l'état conscient et à l'attitude active envers le processus suggestif. Cette découverte nous paraît extrêmement importante pour contribuer à une acceptation de l'utilisation positive de la suggestibilité à l'état de veille.

Avec raison, Jean Lerède dans ses ouvrages croit nécessaire de distinguer suggestionner de suggérer (cf. Biblio.). Alors qu'effectivement le suggestionnement peut être assimilé à un viol des consciences, la suggestion, elle, consiste en une proposition faite à la personne en état conscient de veille, ce qui lui permet la liberté de rejeter, ou d'accepter cette proposition.

Quel que soit le degré de suggestibilité de chacun, et les formes sous lesquelles elle se manifeste, elle est toujours limitée, sauf dans les cas pathologiques, par une forme de protection naturelle : les barrières antisuggestives. Car tout comme le corps possède des gardiens biologiques contre la maladie physique, la personnalité produit une protection mentale pour la sélection des sollicitations suggestives. Ces barrières existent au nombre de trois pour G. Lozanov : la barrière logique, la barrière affective, la barrière éthique.

LA BARRIÈRE LOGIQUE. Lorsque la suggestion tombe dans le champ de la conscience, de la pensée critique, elle est soigneusement soupesée avant d'être acceptée. « La barrière logique rejette tout ce qui ne donne pas l'impression d'être logiquement motivé [1]. » Et il serait sûrement très peu efficace, avec tout l'art suggestopédique voulu, d'essayer de faire croire et retenir sérieusement que la lune est carrée !

1. G. Lozanov.

LA BARRIÈRE AFFECTIVE. Il semble que nous ayons une disposition naturelle à l'esprit de contradiction, très développé chez le jeune enfant qui ne possède pas encore de manière élaborée le raisonnement logique et la structure morale de l'adulte. Cette barrière affective fait rejeter tout « ce qui n'arrive pas à créer un sentiment de confiance et de sécurité[1] ». Et c'est pourquoi, entre autres raisons, le suggesto-pédagogue veille constamment à préserver le bien-être de l'apprenant dans sa dignité de personne.

LA BARRIÈRE ÉTHIQUE. Les nombreuses expériences ont montré que « les suggestions qui sont en contradiction avec les principes moraux des sujets ne sont pas réalisées[1] ». C'est pourquoi le cadre moral d'un milieu culturel donné doit toujours être respecté durant le cours suggestopédique.

L'existence et la solidité de ces trois barrières antisuggestives, qui s'activent entre elles dans une combinaison intime bien que dans des proportions diverses selon chaque personnalité, sont absolument nécessaires à la santé. C'est leur non-existence ou leur affaiblissement qui mène à la maladie, car elles servent de filtre indispensable aux innombrables stimuli — nocifs autant que favorables — de l'environnement.

Dans une perspective d'utilisation concertée des phénomènes suggestifs, en psychothérapie ou en pédagogie, par exemple, il ne faut pas songer à forcer ces barrières, mais agir en harmonie avec elles.

Contrairement à l'opinion générale, une action suggestive concertée, si elle se veut efficace, n'impose pas une tromperie de la conscience critique. Au contraire, elle sollicite la pleine participation du sujet, comme nous venons de le voir. En psychothérapie et en suggestopédie, le sujet

1. G. Lozanov.

sait très bien qu'il est l'objet de suggestions déterminées et il s'y prête.

Des psychothérapeutes, des psychiatres, des neurologues, des psychologues ont été étudiants dans des cours suggestopédiques de langues. De par leur profession, ceux-ci sont bien placés pour savoir en quoi consiste la suggestion et reconnaître les mécanismes qui l'actionnent.

Les résultats obtenus par ces spécialistes sont de 97,70 p. cent de mémorisation alors que pour les non-spécialistes, ils sont de 93,7 p. cent. Cela tendrait à prouver que la connaissance des phénomènes suggestifs peut augmenter l'efficacité du processus d'apprentissage.

Agir en harmonie avec les barrières antisuggestives, dans un but précis et connu des sujets, « n'est pas un mode de coercition mais un processus de résonance psychologique [1] ». Et l'obtention de cette résonance psychologique durant les cours suggestopédiques est l'une des sources de satisfaction des étudiants et de gratification des enseignants.

Parmi les nombreuses expériences qui ont eu lieu à l'Institut de Suggestologie, on peut à titre d'exemple en citer une particulièrement intéressante, tant du point de vue des résultats obtenus que de l'analyse qui en a été faite pour les expliquer. Il s'agissait de mesurer le volume de mémorisation suggestive selon la quantité d'unités lexicales présentées en session suggestive (présentation et concert).

On a pu mesurer au cours de cette expérience, que lorsqu'on présente cent unités lexicales, la mémorisation est de 92,2 p. cent. Et pour une présentation en une seule session de concert de cent une à deux cents unités lexicales, cette mémorisation s'élève à 96,8 p. cent.

Pour l'équipe de chercheurs, la différence obtenue est

1. G. Lozanov.

significative et permet de penser que l'importance de la mémorisation varie avec la quantité de matériel présenté. Les chiffres ci-dessus tendraient à prouver que plus on donne à apprendre aux étudiants, plus ils retiennent, fait en contradiction totale avec les idées reçues.

L'expérience fut poursuivie avec une bien plus grande quantité de matériel à mémoriser. On put remarquer alors un phénomène curieux. Lorsque l'on offrait à mémoriser de deux cent une à quatre cents unités lexicales et de quatre cents à six cents unités lexicales, la mémorisation revenait au niveau de celle obtenue pour l'expérience des cent unités lexicales, c'est-à-dire à 92,2 p. cent. Par contre, pour les présentations de mille à mille deux cents unités lexicales, le niveau de mémorisation était égal à celui des présentations de cent une à deux cents unités lexicales, c'est-à-dire 96,8 p. cent.

Pour G. Lozanov, ces chiffres peuvent s'expliquer. Ils sont l'expression de l'action exercée par les barrières antisuggestives à l'encontre du processus suggestif.

Présenter cent mots d'une langue étrangère en une session ne paraît pas entrer en contradiction fondamentale avec la logique qui peut accepter un apprentissage de ce volume. Dans cette situation, les sujets peuvent mémoriser avec les moyens suggestopédiques mais aussi selon les voies plus conventionnelles car il reste une possibilité de référence aux critères habituels. Simplement la tâche demandée est admise comme un forçage des capacités normales.

Mais pour une mémorisation de cent une à deux cents unités lexicales, la barrière logique est [surmontée], un tel volume dépassant déjà de bien loin les limites habituelles. De nouveaux mécanismes sont alors activés.

Durant les cours offrant jusqu'à cinq cents unités lexicales à retenir, les sujets opposent une barrière affective face à une situation qu'ils ne comprennent pas et suscite en eux un certain malaise. Ce phénomène explique la diminution du pourcentage de mémorisation qui reste pourtant encore élevé, au-dessus de 90 p. cent.

Quant aux expériences d'apprentissage avec présentation de plus de mille unités lexicales nouvelles en une seule journée, les étudiants pensent qu'il s'agit là d'une technique de mémorisation totalement différente de celle qu'ils connaissent, et ils renoncent à faire référence à leurs critères habituels. Comme les résultats obtenus sont d'évidence étonnants et prouvent le bien-fondé de la méthode, la confiance s'installe, les barrières logique et affective sont [surmontées], l'hypermnésie se produit.

Les sujets de l'expérience vivraient là ce que G. Lozanov appelle un processus de dé-suggestion/suggestion. Le mécanisme de dé-suggestion consiste en l'abandon des références limitatives inculquées dans l'enfance. Dans l'expérience décrite ci-dessus, il s'agit des normes acceptées en ce qui concerne le volume d'apprentissage (on ne peut apprendre qu'une quantité donnée de notions en une fois, ou on ne peut apprendre le chapitre suivant avant de posséder à fond le chapitre précédent).

La suggestion destinée à prendre la place libérée par le phénomène de dé-suggestion vise à convaincre le sujet dans l'exemple précis que nous venons de voir qu'il peut apprendre beaucoup plus en un temps donné (1 200 unités lexicales, c'est-à-dire cent fois plus que « l'acceptable »).

Le processus de dé-suggestion/suggestion est obligatoirement gratifiant, puisqu'il s'agit de l'abandon des normes restrictives paraconscientes à l'égard de soi-même, et de leur remplacement par une plus haute opinion de soi-même et de ses compétences. Pour G. Lozanov, ce processus d'épanouissement personnel se réalise avec le concours des barrières antisuggestives. Nous avons vu, dans l'expérience décrite ci-dessus comment les barrières logique et affective avaient été surmontées, pour mener à un apprentissage plus important.

Dans un contexte expérimental, les sujets présentent une moindre résistance aux nouveautés auxquelles on les soumet, puisqu'ils s'y prêtent. Dans la pratique d'un cours de langue, une certaine proportion d'apprenants — les moins informés sur la Suggestopédie — sont un peu inquiets les premiers jours devant l'abondance du matériel présenté et la rapidité de la présentation. La barrière logique chez eux est très rigide. Rapidement, grâce à l'Autorité qui émane de l'environnement (voir *infra*), cette première résistance disparaît, le processus de dé-suggestion/suggestion s'établit et la joie de réussir à parler s'exprime avec encore plus d'intensité chez ces personnes.

Par ces réactions, on perçoit bien l'incroyable force du conditionnement normatif subi par chacun, protecteur contre les intrusions nocives, mais ne sachant pas discriminer et refusant les propositions bénéfiques. La pratique nous a ainsi fait découvrir que l'approche suggestopédique permet, en douceur et avec le plein accord des participants, l'acceptation de ce qui leur est bénéfique — le libre développement de leurs facultés — et par ce développement même, assure aussi une protection contre les influences nocives.

L'activité mentale inconsciente

La suggestion s'adresse à l'inconscient. Pour G. Lozanov, « les nombreux faits tirés de la vie, de la pratique médicale, des expériences physiologiques et hypnotiques montrent qu'il est important de comprendre l'activité mentale inconsciente pour mieux connaître l'être humain, sain ou malade ».

On a longtemps pensé que la conscience contrôlait

l'ensemble des faits psychiques. Et c'est seulement avec le début du XXe siècle que la médecine psychologique s'est développée et a commencé l'étude scientifique de l'activité mentale inconsciente en en révélant l'importance.

Actuellement, on peut faire état d'un très grand nombre de recherches sur cette activité inconsciente, étudiée dans ses manifestations durant le sommeil, sous hypnose et à l'état de veille.

Les possibilités créatrices de l'activité mentale inconsciente durant le sommeil sont connues depuis fort longtemps, et dès l'Antiquité, on avait essayé de les utiliser pour soigner ou enseigner. Elles sont reprises aujourd'hui par certaines méthodes psychothérapeutiques pour des cas pathologiques précis. Dans le domaine de l'enseignement, l'hypnopédie connaît périodiquement un regain d'intérêt. Cependant, des travaux récents prouveraient que, durant le processus hypnopédique, le sommeil se transforme en hypnose.

Ce fut sous hypnose que l'on nota d'abord les phénomènes suggestifs. Les travaux sur l'hystérie de J. M. Charcot (1825-1893), fameux professeur de la Salpêtrière, ont largement contribué à les faire reconnaître comme une manifestation pathologique. D'ailleurs, on ne dissociait pas, à l'époque, les deux notions : hypnose et suggestion.

Après toutes les recherches effectuées depuis, les changements sous hypnose des processus physiologiques et des éléments psychologiques de la personne sont bien connus. On a pu constater, entre autres, des variations de la pression artérielle ou du rythme du pouls, l'obtention d'anesthésies partielles ou générales, des phénomènes mnésiques importants, précieux pour l'intervention psychothérapeutique. Tous ces effets sont obtenus par les mécanismes de l'activité mentale inconsciente.

En son temps, H. Bernheim (1840-1919), de l'École de Nancy, a rencontré bien des oppositions, lorsque, se fondant sur ses innombrables expériences médicales, il a affirmé que l'hypnose n'était pas obligatoirement un phénomène pathologique et que la suggestion existait indépendamment de l'état hypnotique.

Après sa visite à Nancy, S. Freud (1856-1939) est l'un des premiers à utiliser, durant les années 1895-1899, la suggestion à l'état de veille — méthode bientôt abandonnée au profit du procédé de libre association constitutif de la technique psychanalytique, qui vise à dégager un ordre déterminé de l'inconscient.

« Chapitre censuré » selon l'expression de J. Lacan, l'inconscient est aussi en un sens plus traditionnel, ce qui assure le maintien de l'équilibre et l'adaptation quotidienne au milieu, sous le contrôle « des formes non conscientes de l'activité nerveuse supérieure [1] ».

Nous marchons, mangeons, lisons sans réflexion consciente, et nos actes moteurs sont disponibles instantanément selon les besoins, automatisés et réglés par cette activité nerveuse inconsciente.

C'est également par les voies inconscientes que nous enregistrons une très grande quantité de perceptions. Celles-ci, avec les perceptions conscientes, fournissent les informations qui, lorsqu'elles sont conservées, constituent l'aliment de la mémoire.

L'affectivité aussi s'organise dans l'activité inconsciente. Elle est grandement responsable d'ailleurs de la conservation ou non des informations. Elle règle les motivations, les options, les sympathies ou les antipathies par un travail obscur et pour une bonne part inaccessible. « Le cœur a des raisons que la raison ignore. » La méthode de libre association en psychothérapie, le test de Rorschach, etc., révèlent bien l'ampleur de cet aspect de l'activité inconsciente.

1. Ph. Bassine, *Le problème de l'inconscient*, p. 1.

L'imagination aussi trouve ses ressources dans l'activité mentale inconsciente. Et les surréalistes, tout comme les chercheurs scientifiques, le savaient bien qui utilisaient le procédé de l'écriture automatique pour solliciter l'inspiration.

Même l'invention rationnelle et les constructions logiques dépendent d'une sorte de rumination inconsciente, qui s'effectue pendant que nous dormons mais aussi pendant que nous nous promenons ou sommes occupés à n'importe quelle activité.

H. Poincaré, dans *Science et méthode,* fait le récit de sa découverte des fonctions fuschiennes. Elle s'est produite à la suite d'un long travail de réflexion et d'une période de repos, sous la forme d'une illumination soudaine dans des circonstances inattendues [1].

Cette description célèbre illustre bien la collaboration naturelle, inévitable et fructueuse de l'activité de raison avec l'inconscient. Nous ne pouvons que constater le bien-fondé de l'affirmation du Dr Lozanov : « Toute l'activité consciente est établie sur des composantes inconscientes. »

La perception inconsciente

Lorsque nous lisons un livre captivant, nous sommes à notre lecture exclusivement, tout le champ de la conscience est pris par cette occupation. Et nous n'entendons pas la musique diffusée au même moment par la radio mais nous la percevons sans attention, sans effort, et elle nous influence.

Ce phénomène est connu. Nombre de personnes aiment accomplir une tâche absorbante avec la compagnie d'une

1. Éd. G. Darboux, Paris 1947, p. 51-55.

musique de fond qui leur permet une plus grande concentration, les calme ou les rassure. Les formes de l'influence sont infinies dans leur diversité.

Dans l'exemple ci-dessus, la perception de la musique est une perception périphérique auditive, appelée périphérique parce que repoussée hors du centre des préoccupations conscientes du moment ; elle peut cependant devenir une perception consciente un peu plus tard. Les perceptions périphériques peuvent être visuelles, olfactives, etc.

L'information périphérique inconsciente est l'objet de nombreuses recherches à l'Institut de Suggestologie. Ces études montreraient que cette forme d'information pourrait être, pour une bonne part, à la base de la mémoire à long terme. Il peut être intéressant d'en décrire une caractéristique, exposée dans l'œuvre de G. Lozanov.

A un groupe d'étudiants en langue étrangère on présente sur un tableau une liste de dix mots inconnus. Un test précédent comportant une liste de cinquante mots avait permis de s'assurer que ces dix mots étaient effectivement inconnus.

Le tableau comporte donc les dix mots étrangers avec, en regard, la traduction dans la langue maternelle des étudiants. Au-dessus de l'ensemble, se trouve écrit en caractères plus petits et avec la traduction : « Veuillez mémoriser les dix mots suivants. » Les étudiants portaient donc leur attention sur la liste des dix mots à mémoriser, la phrase en en-tête n'étant qu'une indication pratique.

Le tableau est présenté aux étudiants durant une minute. Puis on leur redonne la liste des cinquante mots qui avait servi de test préliminaire, comportant également un en-tête traduit : « Soulignez les mots donnés dans le tableau précédent pour mémorisation. » Cette même liste est donnée les deuxième, troisième, quatrième et dixième jours sans que le tableau des dix mots soit présenté à nouveau.

A l'analyse des résultats, on a pu constater que les dix mots donnés pour mémorisation suivaient la courbe habituelle d'oubli, retenus dans une proportion de 53 p. cent le premier jour, ils ne l'étaient plus que de 37 p. cent le dixième. Quant à la courbe analysant la connaissance des mots inclus dans les phrases d'en-tête, qui constituaient la perception périphérique des étudiants occupés à retenir les mots de la liste, elle suivait une ligne opposée. La mémorisation inconsciente et involontaire du premier jour était de 2,5 p. cent et monta jusqu'à 13,8 p. cent le dixième jour.

Une autre expérience sur le même sujet est menée actuellement sur une grande échelle, par K. Pashmakova, chercheuse scientifique de l'Institut, pour « vérifier dans quelle mesure un stimulus venant de la périphérie peut, malgré son caractère passif, être utilisé pour enseigner l'orthographe, et dans quelle mesure ce stimulus peut devenir instrumental pour accélérer le processus de formation de l'aptitude et du talent graphomoteur [1] ».

Le plan expérimental est simple. Au douzième jour du cours suggestopédique, le professeur fait une dictée au groupe. Les treizième, quatorzième et quinzième jours, trois panneaux différents sont accrochés aux murs de la salle de classe, et sont changés chaque jour. Sur tous ces panneaux, trente-six mots au total sont inscrits en caractères facilement lisibles de loin, choisis spécialement pour leur orthographe éloignée de leur phonétique. On devine que ces mots étaient contenus dans la dictée préalable.

Le professeur fait cours normalement sans mentionner la présence des panneaux, ni les faire remarquer de quelque manière que ce soit. Au seizième jour de cours, c'est-à-dire après que les panneaux ont été retirés, la première

1. « The peripheral stimuli in learning English orthography », in *Suggestology and Suggestopaedia* n° 1, 1975, p. 37.

vérification est faite, puis une deuxième intervient le dix-neuvième jour, et une troisième le vingt-deuxième jour. Pour chaque vérification, les mots apparaissent dans des phrases différentes à des endroits différents dans la dictée.

Dans les conditions de l'expérience, aucun entraînement orthographique ne fut admis, ni dans le cours suggestopédique, où les panneaux avaient été accrochés, ni dans celui ayant eu les dictées mais pas les panneaux, et qui servait de contrôle.

Le tableau en annexe (p. 237) donne le nombre moyen par personne des mots écrits correctement. Les étudiants ont été classés en trois groupes dans ce tableau, selon leur niveau initial pour l'orthographe des mots, établi d'après leurs résultats à la première dictée du douzième jour.

On peut constater que les progrès en orthographe ont été plus grands dans le groupe expérimental que dans le groupe de contrôle. A l'analyse statistique, il a été établi entre autres résultats que plus l'intervalle de temps entre le moment de présentation des tableaux et le test est grand, plus le progrès des étudiants est important ($p < 0001$). Ce phénomène confirme encore l'hypothèse selon laquelle l'apprentissage par perception périphérique est efficace sur la mémoire à long terme.

En suivant l'évolution de chaque mot examiné, depuis le niveau initial de connaissance de ce mot par les étudiants jusqu'au troisième test, K. Pashmakova a constaté que vingt-huit mots sur les trente-six considérés pour l'expérience étaient mieux reproduits dans le groupe expérimental. Et dans le groupe de contrôle, huit mots sur les trente-six étaient mieux reproduits que dans le groupe expérimental. Ces résultats indiquent avec une probabilité de 0,996 que la meilleure reproduction dans le groupe expérimental n'est pas accidentelle.

Cette expérience se déroule en ce moment avec des centaines d'étudiants, et les résultats complets ne sont pas encore parvenus. Mais on peut penser déjà qu'un certain apprentissage par perception des stimuli périphériques est possible, bien qu'il soit plus long que l'apprentissage direct. Et ce qui est appris ainsi reste fixé plus longtemps dans la mémoire [1].

Les perceptions périphériques sont celles que nous ne percevons pas consciemment parce que nous sommes occupés à autre chose qui capte entièrement, à un moment donné, le champ de la conscience. Dès que nous sommes moins concentrés sur l'objet central de nos préoccupations, les perceptions qui étaient périphériques peuvent entrer dans le champ de la conscience et être analysées. Ainsi, pour reprendre l'exemple de la lecture en musique, celle-ci, durant un passage moins passionnant du livre, est entendue à nouveau et entre dans le champ de la conscience.

Il existe tout un ensemble de stimuli qui ne peuvent arriver dans le champ de la conscience, même disponible, parce qu'ils sont trop faibles d'intensité. Mais l'inconscient, lui, les perçoit et répond éventuellement. C'est tout le domaine de la subception, selon le terme utilisé par M. Reuchlin [2], de la perception subliminale [3] pour G. Lozanov.

Dans son récent ouvrage, M. Reuchlin expose une expérience qui consiste à présenter des mots à l'aide d'un tachitoscope. Cet appareil permet d'envoyer des mots d'une manière trop brève pour qu'ils soient lus consciemment. Cette présentation subliminale provoque chez les sujets des réactions épidermiques diverses en rapport avec

1. En 1985, aucune information ne nous est parvenue sur l'évolution de cette expérience.
2. *Psychologie,* p. 110.
3. Subliminal : au-dessous du seuil de conscience.

la charge affective que ces mots représentent. Cela prouve bien la réactivité inconsciente aux stimuli subliminaux.

Cette faculté est d'ailleurs connue depuis fort longtemps et a trouvé une application en thérapie avec la méthode du chuchotement. Comme pour l'ensemble des perceptions, d'ailleurs, les stimuli subliminaux atteignent l'inconscient sous une infinité de formes.

Par exemple, A. Leontiev, en 1959, a étudié la sensibilité de la peau à des stimuli lumineux imperceptibles à la vue. Il semble qu'il existe des personnes ayant une sensibilité optique cutanée plus développée que la moyenne des gens, et la possibilité de la développer par l'entraînement. Le développement de cette faculté de réaction aux perceptions subliminales peut d'ailleurs aider à compenser des handicaps physiologiques.

Nous arrivons là aux frontières de la parapsychologie avec tous les problèmes encore loin d'être résolus de la mesure de la perception extra-sensorielle et ses manifestations. G. Lozanov, pour sa part, délimite le champ de ses préoccupations en précisant que « les problèmes de la perception extra-sensorielle sont reliés à la Suggestologie dans la mesure où les phénomènes suggestifs sont réalisés dans l'activité mentale inconsciente ».

La réactivité mentale non spécifique [1]

On rencontre quelqu'un et il parle. Sans le connaître, on ne le croit pas malgré la vraisemblance de l'exposé. Quelque chose se dégage de l'attitude de cette personne, un geste trop vif, un éclair de l'œil, une élocution particulière

1. A rapprocher de « l'apprentissage incident » selon C. Florès, *La Mémoire,* in P. Fraisse et J. Piaget, *Traité de Psychologie expérimentale,* t. IV, p. 234.

contredisent le discours et empêchent la conviction de l'emporter.

Une autre personne suscitera la sympathie et la confiance, car il se dégagera d'elle une sorte d'harmonie entre ses paroles et l'ensemble des stimuli qui accompagnent invariablement toute communication.

Cette infinité d'éléments qui colorent toute présentation et déterminent le point de vue personnel à son encontre se manifeste grâce à la réactivité mentale non spécifique. Celle-ci fonctionne en combinaison, comme toujours, avec la perception consciente et critique.

« Dans chaque pensée, sentiment, perception ou activité mentale, il existe un ensemble d'expériences claires et centrales, et parallèlement, en arrière-plan, une série d'expériences obscures, périphériques [1]. »

Pour G. Lozanov, ces expériences obscures sont extrêmement nombreuses et proviennent des gestes, de l'allure, de l'expression du visage, des yeux, de la diction, de l'intonation, des mouvements idéo-moteurs imperceptibles à l'observation consciente, de l'environnement, du statut accordé à la personne en train de parler, de l'état d'attente ou des besoins de la personne en train d'écouter, et d'une manière générale de tout ce qui, au moment même de la communication, est relié à son contenu sémantique.

Aussi habile soit-on, le corps s'exprime involontairement et la réactivité non spécifique des autres, qui se caractérise par une vigilance faible ou la non-conscience, sait détecter le plus souvent la fausseté ou la sincérité de ce qui est dit.

Les enfants, dont les mécanismes logiques ne sont pas encore très développés, règlent toute leur conduite d'après cette perception qu'ils ont des stimuli non spécifiques de

1. G. Lozanov.

l'environnement. Mais chez l'adulte, celle-ci a une portée plus limitée bien qu'importante.

La façon dont on s'exprime est donc aussi influente que le contenu du discours lui-même, et les orateurs, les acteurs le savent très bien. Les plus grands sont justement ceux qui ne peuvent être trahis par ce second niveau de la communication, étant donné leur absolue sincérité.

Rappelons ici encore que, normalement, la réactivité mentale non spécifique est indissociable de la réactivité spécifique marquée, elle, par la faculté de réfléchir en idées claires, logiques et rationnelles. Elle ne peut donc à elle seule faire adhérer à un discours irrationnel ou immoral ; sauf chez ceux dont les barrières antisuggestives sont affaiblies.

Les expressions artistiques trouvent leur moyen de communication privilégié dans les possibilités de la réactivité mentale non spécifique. L'harmonie des formes et des couleurs, les rimes et les rythmes atteignent la personne entière en empruntant des voies bien plus courtes et plus directes que celles des perceptions rationnelles.

Cette influence des diverses formes de l'art est aussi l'objet de recherches attentives à l'Institut car « l'art est la suggestion la plus puissante [1] ».

La disposition mentale inconsciente selon Uznadzé [2]

Notre réactivité mentale inconsciente ne fonctionne pas automatiquement pour toutes les sollicitations, mais selon ce que le psychologue soviétique D. Uznadzé appelle la

1. G. Lozanov, *Souguestologuia.*

2. A rapprocher de « l'attitude implicite » selon C. Florès, *La Mémoire,* in P. Fraisse et J. Piaget, *Traité de Psychologie expérimentale,* t. IV, p. 235.

disposition mentale inconsciente. Ce serait elle qui sélectionne les stimuli de l'environnement et donne une direction spécifique aux actes volontaires et involontaires.

A titre d'illustration, on peut citer l'exemple de cet Occidental qui, au cours d'un voyage en Chine, avait découvert la beauté des jades anciens. De retour dans sa ville, il s'étonnera de voir des jades exposés dans les musées et chez les antiquaires. Avant son voyage, les stimuli visuels qu'étaient les jades ne provoquaient aucune réaction en lui. Mais après son expérience, il avait pu enfin voir ces jades, sans savoir à l'avance qu'il les y trouverait. Il avait été en quelque sorte, durant son voyage, et sans s'en apercevoir, préparé, « disposé » à les voir.

Au cours des expériences faites pour éclairer ce phénomène, D. Uznadzé et son école ont établi qu'il « se crée chez le sujet un certain état spécifique qu'on ne saurait caractériser comme un phénomène quelconque de la conscience. La particularité de cet état est qu'il annonce l'apparition de faits de conscience déterminés... Cet état, sans être conscient, représente pourtant une sorte de disponibilité à des contenus déterminés de conscience [1] ».

L'expérience classique pour la démonstration du phénomène est la suivante, telle qu'elle est rapportée par Ph. Bassine[1]. Un sujet reçoit plusieurs fois de suite dans chaque main des boules de poids égal, mais de volume différent. On lui met toujours la boule la plus petite dans la même main. Ensuite, on lui remet des boules identiques en volume et en poids. Quand on demande au sujet de dire quelle boule est la plus grande, il indique en général celle se trouvant dans la main qui, précédemment, avait tenu la boule plus petite.

La disposition mentale inconsciente est le médiateur de la réaction et en détermine la force et la direction. En

1. *Le problème de l'inconscient*, p. 193.

1966, D. Uznadzé écrivait que « le mécanisme de la disposition mentale inconsciente se trouve d'évidence à la base du phénomène suggestif [1] ». Pour G. Lozanov, elle en constitue en effet une partie esentielle en combinaison étroite avec d'autres éléments qui sont l'attitude, la motivation, l'attente, les intérêts, les besoins, définis comme suit :

D'un point de vue suggestologique, on peut comprendre la disposition mentale inconsciente comme le degré d'attente, le degré de préparation intérieure et inconsciente pour un certain type d'activité.

L'attitude est la conception que l'on a de la valeur d'un phénomène donné et cette valeur s'établit sur l'expérience.

La motivation peut se définir comme le désir ou l'absence de désir pour réaliser quelque chose ou vivre quelque chose.

L'attente s'explique comme une croyance que quelque chose est réellement sur le point d'être réalisé ou vécu.

Les intérêts représentent la direction prise par la recherche personnelle pour sa propre réalisation.

Les besoins constituent l'ensemble de ce qui est vitalement important pour quelqu'un.

La réflexion suggestologique affirme : « L'idée la plus vive ne peut provoquer un effet suggestif que si elle est reliée à la disposition mentale inconsciente de la personne, à son attitude et à ses motivations, à son attente de quelque chose devant se produire, à ses besoins, à ses intérêts, si elle est également en harmonie avec les caractéristiques émotives, intellectuelles, volontaires et les exigences de la personnalité [2]. »

Pour G. Lozanov, il s'agit de créer la disposition qui va solliciter les réserves psychiques non exploitées chez la

1. Cité dans l'ouvrage de G. Lozanov.
2. G. Lozanov.

grande majorité d'entre nous, mémoire laissée en friche, intelligence créatrice annihilée, soif naturelle d'apprendre découragée.

L'art suggestopédique doit donc, afin de solliciter ces fameuses réserves dont nous allons parler maintenant, savoir rendre la personne « disposée » au sens donné à ce terme par Uznadzé, en même temps que motivée, intéressée, dans l'attente de ce qui va se produire... Et cette disposition doit être établie dans le but spécifique de permettre l'apprentissage, donc l'épanouissement personnel.

Les réserves humaines

Lorsque quelqu'un retient un poème par cœur après l'avoir entendu seulement une fois, lorsqu'un groupe apprend mille mots d'une langue étrangère en une seule journée, c'est parce qu'on a réussi à solliciter des potentiels psychiques qui font partie de « ces capacités des fonctions somatiques et mentales ne constituant pas un phénomène habituel pour un individu moyen dans des conditions données [1] ».

Les exemples sont nombreux de résistance inhabituelle au froid, à la douleur, du fait d'un vouloir vivre extraordinaire ou d'un entraînement spécial. Les réserves humaines se manifestent aussi chez ceux que l'on appelle des phénomènes parce qu'ils savent calculer à une vitesse prodigieuse, retenir des annuaires entiers avec aisance.

On pense généralement que ces calculateurs prodiges sont, leur talent particulier et exceptionnel mis à part, des simples d'esprit. Et le cas de J. Inaudi est très célèbre, qui pouvait dès six ans faire des multiplications de cinq chiffres sans connaître la table de multiplication, mais ne réus-

1. G. Lozanov.

sit à lire et à écrire que très tard et péniblement. De plus, il savait seulement calculer, sans tirer un bénéfice précis de ses opérations, réduites à des réalisations automatiques, sans but ni raison que l'exploit pour lui-même.

Tout autre pourtant est l'exemple de H. Poincaré qui résolvait aussi toutes les opérations de tête, ainsi que tous les problèmes que son génie mathématique lui a permis de poser et résoudre. Rappelons seulement pour mémoire qu'il fut un mathématicien génial et créateur, ainsi qu'un grand écrivain.

Pour illustrer les possibilités étonnantes de l'intelligence humaine, il est facile de citer l'exemple des joueurs d'échecs. Ainsi, Koltanowski, qui écrivit plusieurs ouvrages et parlait sept langues, a réussi l'exploit extraordinaire, en 1961, de jouer cinquante-six parties d'échecs non seulement simultanément — en passant d'un échiquier à l'autre et contre des joueurs de bonne force — mais aussi à l'aveugle, c'est-à-dire sans voir l'emplacement des pièces sur les échiquiers. Notons qu'il gagna cinquante parties et en annula six [1].

Dans le domaine des capacités humaines, les frontières du possible semblent d'ailleurs devoir reculer constamment aussi bien pour les exploits sportifs qu'intellectuels. Et nombreuses sont les personnes qui réalisent aujourd'hui et dépassent ce qui paraissait la limite définitivement atteinte par un grand champion quelques années auparavant. En fait, on ne sait pas encore où se trouvent les limites des possibilités humaines, constamment repoussées.

Rappelons par exemple, en restant dans le domaine du jeu d'échecs à l'aveugle — qui représente un exploit mnésique de grande envergure —, que le fameux Alekhine jouait

1. F. Le Lionnais et E. Maget, *Dictionnaire des Échecs,* Paris, P.U.F., 1967, p. 349.

vingt-quatre parties en 1924, puis vingt-huit en 1925, puis trente-deux en 1932 [1]. Quant à Koltanowski, il n'en jouait que trente en 1931, trente-quatre en 1937, cinquante en 1952, avant d'arriver à sa performance de cinquante-six parties signalée ci-dessus.

Ces manifestations de capacités au-dessus de la norme reconnue restent exceptionnelles bien sûr et l'on pense en général qu'elles ne concernent en fait qu'une proportion infime d'entre nous, douée naturellement et ayant bénéficié de circonstances favorables pour le développement de ses capacités. Cela est probablement vrai mais seulement partiellement.

Car on sait depuis longtemps que nous avons tous des potentiels inutilisés, qui se manifestent souvent sous hypnose, ou en état de relaxation, prouvant ainsi leur existence. Mais on n'avait pas de moyen pratique de les exploiter et on croyait d'ailleurs que ces potentiels ne pouvaient s'exploiter que dans ces états d'hypnose ou de relaxation.

Les yogis, depuis des siècles, savent solliciter les réserves humaines et les développer d'une manière exceptionnelle. Ils peuvent à volonté modifier leurs fonctions physiologiques, augmenter la résistance de leurs tissus, anesthésier des parties de leur corps.

Ils apprennent aussi à développer leurs capacités intellectuelles et notamment mnésiques. Pour les rendre capables d'apprendre le Rig-Veda riche de 153 826 mots, et les trois autres Vedas et divers textes sacrés, les brahmanes soumettent des jeunes gens sélectionnés à un entraînement spécial.

A l'Institut de Suggestologie, les chercheurs ont étudié les conditions d'apparition des performances des calcu-

1. F. Le Lionnais et E. Maget, *Dictionnaire des Échecs,* Paris, P.U.F., 1967, p. 348.

lateurs prodiges, des yogis. Selon le Dr Lozanov, il est possible maintenant d'expliquer scientifiquement certains phénomènes produits par la pratique du yoga et de les reproduire dans des conditions expérimentales ordinaires.

Et d'un point de vue suggestologique, il semblerait que le yoga, les techniques de relaxation, l'hypnopédie, etc., doivent leurs résultats beaucoup moins aux états obtenus par l'entraînement spécifique à chacune de ces techniques qu'à la suggestion latente que ces exercices induisent, en permettant la mise en place de la disposition mentale inconsciente, dont parle Uznadzé.

Après expériences et observations, G. Lozanov est donc arrivé à la conclusion que l'hypermnésie observée depuis longtemps dans ces conditions spéciales était le résultat pour la plus grande part d'une disposition mentale suggestive dirigée vers les capacités de réserve. Et cette disposition mentale peut être orientée vers les réserves mnésiques mais également vers l'exploitation d'autres capacités existant à l'état potentiel : la formation d'habitudes langagières, la mise en place de l'aptitude au raisonnement mathématique, etc.

Cette découverte que c'est en fait le phénomène suggestif qui est le mécanisme de base permettant l'exploitation des réserves humaines a des implications immenses puisque « la suggestion est un phénomène universel ininterrompu de l'activité psychique humaine [1] ».

Jusqu'à présent, plusieurs milliers de personnes en Bulgarie, et dans divers pays ont suivi des cours suggestopédiques et ont obtenu des résultats — quant au volume et à la qualité de leurs acquisitions — qui dépassent les normes habituelles d'apprentissage. (Voir *infra* à partir de la page 175.)

---

1. G. Lozanov.

Pour les suggestologues bulgares, ces faits sont un début de preuve du bien-fondé de leur théorie, et ils affirment que, progressivement, les succès suggestopédiques, obtenus à grande échelle, vont donner naissance à une nouvelle norme des facultés humaines, bien supérieure à celle existant actuellement.

3.

LES PRINCIPES SUGGESTOLOGIQUES

Définition de la suggestion

En partant de l'étude des données théoriques, la Suggestologie définit donc le concept de suggestion, comme un facteur de communication constante entre l'environnement et l'activité mentale inconsciente de chacun d'entre nous.

Nous allons voir comment il peut être possible d'établir la disposition mentale inconsciente telle que nous venons de la décrire. Et cette disposition mentale inconsciente de la personne lui fera libérer ses potentiels psychiques, ses réserves, pour lui permettre un apprentissage meilleur et plus important.

Si la Suggestologie étudie le psychisme inconscient pour pouvoir dégager les caractéristiques du phénomène suggestif avec précision, cela ne signifie aucunement que l'activité consciente, rationalisante et critique, soit négligée. Bien au contraire, car toute communication interpersonnelle est toujours globale et simultanément consciente et inconsciente.

G. Lozanov affirme que tout comme un objet lumineux ne peut se séparer de son ombre, l'inconscient et le conscient forment un tout indissociable. Et il n'est pas possible de concevoir une utilisation de la suggestion autrement que « dans une sorte d'unité avec ce qui est gouverné par la raison [1] ».

Quant aux réserves psychiques, autre pôle essentiel de la suggestion, c'est seulement par les résultats au-delà des normes habituelles que l'on peut constater qu'elles ont été libérées, en toute logique ! Et on peut alors affirmer avec certitude que la suggestion concertée a agi. Car il est difficile, dans la complexité des interrelations humaines, de toujours voir la place qu'a pu prendre une suggestion concertée. C'est pourquoi G. Lozanov insiste : « On peut seulement affirmer avec certitude que la suggestion a bien eu lieu quand l'effet final est l'activation des réserves de l'individu. »

Les caractéristiques de la suggestion

Les traits distinctifs de la suggestion, par rapport aux autres phénomènes mentaux, ont pu être établis progressivement à partir de la pratique psychothérapeutique et des résultats expérimentaux en Suggestologie et en Suggestopédie.

Les plus importantes caractéristiques de la suggestion sont la pénétration directe, l'automaticité, la vitesse et la souplesse de réalisation, la précision et l'économie d'action.

La pénétration directe indique la façon dont le phénomène suggestif pénètre la sphère mentale. Il utilise des voies directes mettant en action des mécanismes archaïques et émotifs situés dans l'activité mentale inconsciente ou très peu consciente. L'action de la fonction logique et

1. G. Lozanov.

critique n'est marquée que dans les résultats ou les moments clés.

Dans un cours de langue par exemple, on observe très bien comment des expressions nouvelles sont utilisées sans réflexion ni effort, pour satisfaire un besoin immédiat dans l'activité intéressante, un jeu compétitif le plus souvent. Puis viennent les diverses questions. Si alors le suggesto-pédagogue répond à l'attente en une explication rapide et précise, on peut être sûr de la mémorisation.

L'automaticité exprime la rapidité et la soudaineté de l'action suggestive et concerne aussi bien les réactions motrices que les activités mentales. Par les voies habituelles d'apprentissage, l'automatisation des connaissances et obtenue par répétitions. Cette automatisation est immédiate par la voie suggestive. Et en l'absence d'exercices fastidieux, des personnes quelquefois affirment qu'elles n'ont pas appris... sans pouvoir donner d'explications sur l'évidence de leurs nouvelles connaissances actives.

La vitesse et la souplesse de la réalisation suggestive sont d'observation très facile. Ainsi, la vitesse d'assimilation des connaissances en Suggestopédie est de plusieurs fois la vitesse habituelle, dans une proportion de un à cinquante selon les résultats expérimentaux et de un à trois dans un cours de langue, la disposition mentale inconsciente n'étant pas dirigée vers la mémorisation seulement *(Cf. infra)*. La souplesse d'utilisation du matériel appris est évidente à la simple observation de la réutilisation des notions dans des contextes différents du cours.

La précision en relation avec la vitesse du phénomène suggestif a été observée sur les fonctions végétatives et biochimiques de l'organisme. On en a mesuré la qualité dans les opérations mentales également, au cours des expérimentations suggestopédiques. Et durant le cours suggestopédique de langue, nous avons été très étonnés de cette précision obtenue sans travail spécifique. Elle se manifeste par l'adaptation très fine des structures nouvelles à un contexte différent prouvant que l'exacte valeur sémantique avait été ressentie.

L'économie du phénomène suggestif est le résultat des caractéristiques précédentes. Elle doit se comprendre principalement comme une économie d'énergie. Durant les cours suggestopédiques, elle provoque une situation d'apparence paradoxale par rapport aux critères habituels, lorsque l'on constate l'apparition d'une hypermnésie sans aucun symptôme de fatigue, et même souvent avec un effet de repos. Les expériences au niveau physiologique et psychologique ont été extrêmement nombreuses sur ce point et nous en reparlerons. Rappelons ici encore que l'apprentissage sans fatigue est un des critères du cours suggestopédique qui ne peut être négligé.

Les moyens de réaliser la suggestion

La suggestion, pour se réaliser, doit surmonter les barrières antisuggestives en se mettant en harmonie avec elles et par un processus de dé-suggestion/suggestion, établir la disposition mentale inconsciente qui permettra de solliciter les capacités de réserve de la personne.

Il existe de nombreux moyens pour réaliser cette suggestion, choisis parmi divers éléments de la réactivité mentale non spécifique. En pratique, tous ces éléments qui feront partie de la perception périphérique des personnes sont utilisés ensemble. Pour G. Lozanov, ils se fondent l'un dans l'autre, et il est impossible de les isoler. Parmi les principaux moyens de suggestion, on peut citer l'autorité, la disponibilité réceptive, le double niveau de la communication, l'intonation, le rythme et la pseudo-passivité créatrice.

L'AUTORITÉ : D'un point de vue suggestologique, le concept d'autorité n'a pas la signification usuelle généralement donnée à ce terme, le droit de commander.

Ici, elle est l'estime que l'on peut éprouver pour les qualités reconnues d'une institution, d'une personne, d'une idée, et qui met dans une disposition favorable vis-à-vis de l'influence éventuelle de cette institution, personne ou idée.

Ainsi, nous accordons du crédit aux dires de quelqu'un dont la fréquentation nous a permis d'apprécier les qualités. Et il n'est pas indifférent, au sein d'un groupe social donné, qu'un philosophe, un écrivain de grande renommée par exemple consacre l'importance d'un événement précis par l'autorité de sa présence et de son intervention, quelle qu'en soit la forme.

Cette « crédivité » semble bien être une composante naturelle du psychisme humain. H. Bernheim la décrit comme une propriété normale du cerveau, et la différencie de la crédulité qui, elle, constitue une véritable infirmité [1].

L'autorité bien comprise est le contraire de l'arbitraire et constitue une influence reconnue naturelle et admise comme inévitable dans toute vie sociale. « Le fait même qu'un groupe se structure, s'organise, se donne des buts, se met à exister comme groupe, donne naissance à l'autorité, celle-ci étant un aspect inévitable et normal de la structure elle-même [2]. »

Et qu'il s'agisse de reconnaître le talent d'un poète, le niveau prestigieux d'une université, cette autorité est toujours limitée dans la mesure où il s'agit de l'autorité d'une compétence précise et déterminée. On trouve cette acception du concept dans les expressions usuelles « il fait auto-

1. H. Bernheim, *De la suggestion*, p. 33-35.
2. R. Mucchielli, *Psychologie de la relation d'autorité*, p. 23.

rité en la matière », ou « c'est une autorité dans son domaine ».

Dans l'enseignement, l'autorité du professeur, qui repose sur la manière dont il sait mettre ses qualités pédagogiques et personnelles au service des étudiants, se traduit par une sorte de rayonnement affectif très favorable à la transmission des connaissances. Une école aussi, qui a su se faire une authentique renommée de qualité, jouit d'un grand prestige, facteur de motivation pour s'y rendre, et se sentir disposé à y apprendre.

Pour les suggestologues, la valeur de l'information change selon la source émettrice, le crédit accordé à celle-ci règle la réceptivité de celui qui écoute et par là tout le processus d'acquisition et de reproduction des connaissances transmises.

De nombreuses expériences psychologiques ont prouvé l'importance de l'autorité pour augmenter la force suggestive du discours et les fonctions mnésiques. Par exemple, l'une d'entre elles consistait à présenter à deux groupes d'étudiants une liste de mots extraits de divers poèmes. A l'un des groupes, on annonça que les mots avaient été choisis dans l'œuvre d'un poète bulgare très prisé, P. K. Yavorov. A l'autre groupe on ne dit rien. On distribua alors des feuilles en demandant aux étudiants de retrouver les mots entendus.

A l'analyse statistique, le premier groupe qui connaissait l'origine prestigieuse des mots présentés vit son taux de mémorisation s'élever à 56,6 p. cent. Le second groupe non informé avait un résultat de 30,1 p. cent. Il est intéressant de noter que l'information avait été donnée au premier groupe après seulement qu'il eut entendu la liste de mots. La différence de mémorisation entre les deux groupes porte donc sur la reproduction et non sur l'activation de la fixation au moment de l'écoute.

A l'Institut, on a pensé à séparer le moyen suggestif que

constitue l'autorité pour en mesurer l'importance dans des expériences précises. Ainsi, le 15 août 1967, on a fait mémoriser la signification de 165 mots français à un groupe en supprimant tout facteur à portée suggestive et en intensifiant l'élément d'autorité. La mémorisation moyenne fut de 96,5 p. cent.

LA MISE EN DISPONIBILITÉ RÉCEPTIVE : Dans un désir de précision sémantique, nous avons cru devoir remplacer par cette formule le terme d' « infantilisation » utilisé par le savant bulgare. En psychologie occidentale, ce mot recouvre en effet un concept différent pouvant amener une interprétation erronée. Pour G. Lozanov, il s'agit ici d'une « réaction universelle qui, sans diminuer le niveau de l'activité intellectuelle normale, augmente considérablement la perception [1] ».

L'autorité de la source d'information amène déjà, et très efficacement, une certaine attente confiante des résultats qui démarre le processus suggestif. Au cours de ce processus, la perception et la mémorisation semblent retrouver dans une certaine mesure le niveau beaucoup plus favorable pour l'exercice de ces fonctions de la période juvénile de la vie.

Cela ne signifie pas, bien sûr, retourner à un stade enfantin, mais retrouver la plasticité de la jeunesse et ses possibilités d'acquisition si grandes, tout en continuant de jouir de ses facultés analytiques d'adulte.

Les artistes sont artistes justement parce qu'ils ont su conserver cette riche perception de leur enfance. Leurs mécanismes affectifs et intuitifs sont restés chez eux très actifs et les mènent à des expériences esthétiques et à des réalisations intellectuelles plus spontanées, plus convaincantes que celles établies sur la logique seule.

1. Voir A. Schutzenberger, *Introduction au jeu de rôle.*

Il existe divers moyens pour établir et conserver cette disponibilité. En pédagogie, par exemple, on peut utiliser le jeu de rôle, d'ailleurs déjà bien connu dans l'enseignement des langues, ainsi que des jeux à caractère amicalement compétitifs. Les activités artistiques comme le chant sont également efficaces.

Dans le cours suggestopédique, la distribution des rôles permet de favoriser grandement la mise en disponibilité des étudiants. Insistons sur le fait qu'il ne s'agit pas de dépouiller les participants de leur propre identité comme certains « théoriciens » ont cru devoir l'affirmer. Chacun reçoit un rôle nouveau, qui durera le temps du cours. Aucun participant ne s'y est jamais trompé : cette identité sert de masque symbolique, de protection personnelle très provisoire, le temps de régresser en toute sécurité pour essayer de se présenter dans la langue étrangère et de constater en le vivant positivement que ce n'est pas dangereux. Protégés par leur nouvelle identité, que l'on a choisie gratifiante, ils n'ont plus besoin de songer à préserver leur dignité personnelle, leur position sociale. Vite confiants, ils deviennent plus spontanés et détendus, plus libres.

Quant aux jeux qui se succèdent à grande allure, nous avons noté que les étudiants, pris par le désir de gagner, sont absorbés, centrés sur cette tâche... tout en parlant la langue étrangère qui devient alors une acquisition périphérique, à côté, contre laquelle ils n'opposent pas de barrière. Ils apprennent ainsi par le biais, en plus, presque sans s'en rendre compte, disponibles comme peuvent l'être les enfants pour l'ici et le maintenant.

Le double niveau de la communication

La manière dont on dit les choses compte plus que ce qu'on dit. Le discours verbal constitue le premier niveau de la communication, le second niveau contenant tout le reste. Les expressions faciales, les gestes, la tenue du corps, la façon de s'habiller, toutes ces composantes du 2e niveau sont des informations qui arrivent à l'interlocuteur par des voies autres que logiques, plus rapides, plus directes, sans examen et sans calcul, par le moyen de la réactivité mentale non spécifique à peine à la limite de la conscience. L'importance pour la communication de ce double niveau de perception a déjà été signalée ici. Pour G. Lozanov, « aucune suggestion ne peut avoir un effet, et aucune autorité ne peut se construire si les mots utilisés sont acceptables pour l'esprit logique, mais si les nombreux signaux non spécifiques l'accompagnant expriment l'inverse ».

Les stimuli non spécifiques ne peuvent jamais être tous contrôlés bien sûr. Et il ne suffit pas de savoir jouer la comédie pour passer l'information adéquate au deuxième niveau de la communication.

Car jouer la comédie, même avec talent, ne peut faire illusion qu'un temps. L'harmonie indispensable des deux niveaux n'est convaincante que par l'authenticité, la sincérité du suggesto-pédagogue, pas seulement par son talent et sa formation — la plus sophistiquée soit-elle.

C'est là une des raisons pour lesquelles la Suggestopédie, comme toute action suggestive concertée, ne peut pas trouver de développement satisfaisant hors d'un cadre désintéressé, seul capable de garantir une harmonisation authentique de ces deux niveaux de la communication et qui concerne le professeur, l'environnement matériel, tout comme l'organisation générale du processus d'apprentissage.

Et en toute conscience de cette exigence précise — en plus des autres — on se demande si, dans les contextes sociaux de notre époque, la Suggestopédie peut connaître un développement à grande échelle.

L'INTONATION : Elle constitue un des éléments du deuxième niveau de la communication. Nous savons bien que les mots exercent un effet sur nous et non seulement par la signification qu'ils ont dans le dictionnaire, mais aussi selon la nuance affective donnée par le timbre de la voix, son rythme, la hauteur du ton.

L'intonation n'est peut-être pas indispensable pour la création d'une atmosphère suggestive, mais les étudiants trouvent plus agréable la présentation modulée du matériel à mémoriser. Et elle augmente la valeur informative du matériel et active les processus affectifs de la situation de communication.

Pour illustrer la valeur suggestive de l'intonation, G. Lozanov raconte cette anecdote [1] : « Un père envoie son fils étudier à l'étranger et reste sans nouvelles de lui pendant longtemps. Un jour, il reçoit enfin une lettre de lui mais, ne sachant pas lire, il court chez son voisin le boucher.

« Celui-ci commence à lire la lettre d'une voix rude et irritée : — Cher père, envoie-moi de l'argent... Le père interrompt la lecture et s'écrie, en colère : — Honte à lui ! Quel bon à rien ! Ne pas écrire pendant tout ce temps, et venir demander de l'argent ainsi ! Il attrape la lettre sans vouloir écouter la suite et s'en va.

« Quelques jours plus tard, plein de curiosité tout de même, il porte la lettre chez son autre voisin, le boulanger. Celui-ci se met à lire d'une voix douce et agréable : — Cher père, envoie-moi de l'argent... Là, le père sourit et dit : — C'est comme cela que je comprends l'amour de mon fils pour son père ! Et il écoute la lecture entière de la lettre avec beaucoup d'attention. »

Nous ne nous arrêterons pas aux suggestions périphériques s'ajoutant à la signification centrale de l'anecdote

1. G. Lozanov, *Souguestologuia.*

concernant les qualités de sensibilité respectives du boucher et du boulanger, en rapport sans doute avec leur profession. Le propos ici est d'illustrer l'importance de l'intonation qui peut changer complètement le sens d'un message et déterminer la réceptivité de l'auditeur.

Des expérimentations ont été faites à l'Institut pour essayer et comparer l'efficacité suggestive de diverses intonations, chuchotée, déclamatoire, etc. Actuellement, comme nous l'avons vu dans la description du cours suggestopédique, c'est l'intonation artistique qui est retenue, en harmonie avec la musique des concerts.

LE RYTHME est partout dans la vie. Il constitue « un principe biologique de base, le reflet des rythmes naturels [1] », quotidiens, saisonniers, cosmiques. Dans sa forme la plus simple, il peut être considéré comme une répétition de structures identiques.

Il y a rythme pour P. Fraisse « dès lors que se réalisent certaines organisations en harmonie avec nos lois perceptives [2] ». Et la force suggestive de toutes les formes de rythmes n'est pas à démontrer, qu'il s'agisse du retour régulier des saisons, du tam-tam africain ou du découpage des périodes de travail.

Le rythme combiné avec l'intonation détermine pour une bonne part l'effet suggestif de l'art, dit G. Lozanov. Les recherches actuelles en musicothérapie visent à utiliser d'une manière positive les retentissements psychophysiologiques de la musique sur la personne [3].

Dans l'enseignement, il n'est pas indifférent de présenter le matériel selon un certain rythme, celui-ci compre-

1. G. Lozanov.
2. *Psychologie du rythme,* p. 112.
3. Voir J. et M.-A. Guillot, J. Jost, E. Lecourt, *La Musicothérapie et les méthodes nouvelles d'association des techniques.*

nant également les intervalles entre les phases d'apprentissage. Le cours suggestopédique est élaboré selon un rythme rigoureux, fortement institutionnalisé, et la rapidité de présentation des notions est due justement à la réduction des intervalles.

LA PSEUDO-PASSIVITÉ CRÉATRICE : Lorsque nous assistons à un concert, confortablement calé dans un fauteuil, nous ne pensons qu'au plaisir de la musique et ne faisons pas d'effort spécial pour comprendre ou mémoriser. C'est la détente.

En fait, cette passivité physique et intellectuelle ne l'est qu'en apparence. De nombreux processus se développent en nous à ce moment-là, des états d'esprit se forment, des associations libres se créent, des idées, des émotions nous atteignent et sans fatigue aucune, bien au contraire.

Nous vivons alors ce que G. Lozanov appelle la pseudo-passivité de concert, état spécialement favorable à la mise en place de la disposition mentale pour solliciter les réserves.

Nous mesurons d'emblée comme cette pseudo-passivité est en contradiction avec toutes les idées reçues concernant les conditions d'un bon apprentissage. Il est généralement admis qu'un travail efficace doit s'accomplir sous une certaine forme d'effort qui mobilise les facultés.

Pour un suggestologue, cette idée est fondamentalement juste mais mal interprétée. Ainsi, lorsqu'une personne a l'air active, en même temps qu'elle l'est, pour un travail de mémorisation par exemple, il se produit une contracture de toute sa musculature : froncement de sourcils, mâchoires serrées, etc., qui constituent une dépense d'énergie inutile.

Il n'y a aucune raison pour que l'activité cérébrale, aussi intense soit-elle, ait besoin d'être exprimée par des signes physiques de contracture musculaire. Seule compte la disposition mentale interne envers le processus d'apprentissage. Et durant le cours suggestopédique, l'attitude calme, sereine et gaie des étudiants exprime bien cet état de pseudo-passivité qui combine une hyperactivité intérieure avec une économie étonnante d'énergie et de fatigue, comme les résultats expérimentaux le prouvent (voir *infra*).

A l'Institut, on a cherché à favoriser l'apparition de la pseudo-passivité en introduisant les séances de concert dans le cours même de l'enseignement. D'après les expériences, lorsque la présentation du matériel à mémoriser est effectuée avec des séances de concert, la mémorisation est de 2,17 à 2,50 fois plus efficace que lors d'une présentation non musicale.

Diverses techniques de relaxation ont aussi été expérimentées, comme le yoga, le training autogène, pour voir si l'état de pseudo-passivité ainsi obtenu par une action physique directe apportait des résultats intéressants.

Ils n'ont pas été meilleurs que ceux obtenus simplement avec ce moyen suggestif privilégié qu'est la musique des concerts. Pour G. Lozanov, les diverses formes de l'art sont, comme moyens suggestifs, une source irremplaçable. « L'art est la suggestion la plus puissante. »

LA SUGGESTO-PÉDAGOGIE OU SUGGESTOPÉDIE

« Je n'impose rien à personne, j'aide simplement les gens à faire ce qu'ils désireraient faire, mais qu'ils se croient incapables de faire. »

E. COUÉ [1]

---

1. *La Maîtrise de soi-même,* p. 106.

1.

LA PRATIQUE EXPÉRIMENTALE D'ENSEIGNEMENT

Lorsque l'Institut de Suggestologie fut créé, il eut pour mission non seulement de faire des recherches sur la suggestion et d'explorer l'activité mentale inconsciente, mais aussi d'élaborer un système d'enseignement qui intégrerait les éléments acquis au cours des recherches théoriques.

Cette mission de l'Institut se justifie pleinement. En effet, l'instruction est le résultat d'une action réciproque entre l'individu et son environnement, d'une communication, et rappelons que ce terme comprend tout ce qui est exprimé verbalement et tout ce qui l'est non verbalement.

Or, le phénomène suggestif, qui joue un rôle dans tout phénomène de communication, prend une importance accrue en pédagogie. Jusqu'à présent, cet élément important et même déterminant pour la qualité de la communication était utilisé instinctivement, avec plus ou moins de talent inné de la part des professeurs. On ne s'était jamais préoccupé de l'organiser et de l'utiliser au profit des élèves.

La méthode suggestopédique d'enseignement a donc été élaborée à partir de la théorie générale de la suggestion, elle-même établie par la science suggestologique. Et le processus d'enseignement a été organisé de manière à utiliser le plus efficacement possible les moyens qui permettent une suggestion concertée. Ces moyens sont, rappelons-le, l'autorité, la mise en disponibilité réceptive, le double niveau de la communication, l'intonation et le rythme, la pseudo-passivité de concert.

La méthode suggestopédique d'enseignement sert aussi de méthode expérimentale pour vérifier les hypothèses suggestologiques, et mesurer, par exemple, l'importance de chacun des moyens ci-dessus énumérés, et leurs conditions optimales d'utilisation.

Mais en pédagogie, dans quel sens faut-il diriger les phénomènes suggestifs ? Que faut-il donc suggérer pour apprendre beaucoup, vite et bien ?

Comme le but principal de l'enseignement n'est pas la mémorisation, mais la compréhension et la résolution créatrice de problèmes, les psycho-pédagogues bulgares ont travaillé à diriger les moyens suggestifs vers l'établissement de la disposition mentale inconsciente la plus propre à solliciter les capacités de réserve concernant non seulement la mémoire, mais aussi les perceptions, les intérêts, les facultés créatrices de la personnalité, ses moyens d'expression. Il convient donc, pour comprendre le sens des résultats expérimentaux bulgares, de bien différencier les expérimentations sur l'hypermnésie, avec calcul de la simple mémorisation de mots étrangers, des mesures portant sur l'acquisition d'une compétence linguistique dans un cours de langue étrangère proprement dit. Source de nombreux malentendus et d'exagérations opportunistes, la confusion la plus grande semble régner à ce propos.

Une des préoccupations essentielles des chercheurs de l'Institut a aussi été d'élaborer une méthode qui respecte la personne dans ses besoins physiologiques et psychologiques. Notons que cette idée d'envisager une possibilité scientifique de considérer la personne en situation d'apprentissage dans sa globalité est nouvelle en pédagogie.

Les connaissances physiologiques modernes enseignent que le cerveau humain ne fonctionne jamais avec ses structures corticales uniquement. L'être humain est doué de raison, mais pas seulement. Il convient donc, dans la perspective d'une pédagogie humaniste, d'élaborer un processus d'apprentissage qui fasse fonctionner l'imagination, l'affectivité, le pouvoir d'abstraction logique dans une unité indivisible.

La physiologie moderne prouve aussi aujourd'hui que les activités analytiques et synthétiques chez l'être humain s'effectuent simultanément. Il n'y a pas dans les opérations mentales de possibilités pour un stade purement analytique ou purement synthétique. La connaissance doit donc s'acquérir en allant du général au particulier et du particulier au général, sans s'arrêter à un niveau seulement particulier, ou seulement général.

De plus, le conscient et l'inconscient participent simultanément à l'activité humaine. Et c'est d'évidence lorsqu'il y a harmonie entre les perceptions conscientes et inconscientes que l'activité devient satisfaisante, donc profitable. Une pédagogie se voulant efficace doit tenir compte de cette donnée humaine.

La méthode suggestopédique s'est donc élaborée en considérant la situation d'apprentissage comme une situation de communication, en se préoccupant, à la lumière des données physiologiques-psychologiques récentes, et du simple bon sens, des besoins propres à la personnalité humaine, considérée dans sa totalité tout en tenant compte de sa vocation propre qui est de solliciter les potentiels humains généralement inexploités.

G. Lozanov définit la Suggestopédie comme « un système qui cherche à organiser les facteurs suggestifs inconscients dans le processus communicatif d'apprentissage pour créer une haute motivation et la mise en place de la disposition mentale qui permet de solliciter les réserves et cela dans la perspective d'une approche globale de l'élève [1] ».

Les principes

Les trois principes de base de la Suggestopédie que nous allons présenter maintenant découlent des préoccupations qui viennent d'être brièvement exposées. Ces principes peuvent s'appliquer à toutes les formes d'enseignement, pour toutes les matières d'apprentissage, pour l'enseignement aux enfants aussi bien qu'aux adolescents ou aux adultes.

Ces principes constituent les fondements d'un système qui respecte l'être humain tel qu'il est et l'accepte dans son intégralité. Et les moyens d'application de ces principes sont les plus simples et les plus naturels qui soient.

Comme nous le verrons, les résultats obtenus, lorsque ces principes sont appliqués avec rigueur et talent, prouvent de manière frappante qu'aller dans le sens des besoins de l'être humain, que créer les conditions adéquates pour la satisfaction heureuse de ses besoins fondamentaux — dont la soif d'apprendre est un des plus forts —, l'application de ces principes amène une acquisition facile et importante, un mieux-être, un épanouissement personnel.

Les principes suggestopédiques de base sont au nombre de trois, décomptés et analysés ici pour clarification, mais existant dans la situation suggestopédique dans une complexité indivisible. Ils sont donc :

— le principe de plaisir et d'absence de tension ;

— le principe d'unité du conscient et de l'inconscient, ou de globalité ;

— le principe d'interaction suggestive maître/élève.

1. G. Lozanov, *Souguestologuia.*

PLAISIR ET ABSENCE DE TENSION : L'observateur du cours suggestopédique peut constater que ce principe y est observé avec soin et constance. Et c'est assez surprenant, car l'enseignement traditionnel reconnaît à peine que « le rire lubrifie l'apprentissage [1] ».

Guy Vermeil, dans son étude sur *La fatigue à l'école,* écrit que, traditionnellement, les notions de jeu et de travail s'opposent. « L'idée de jeu est associée à l'idée de joie et de plaisir... ce qui fait plaisir est suspect, ce qui fait ennuyeux, pénible, désagréable ne peut qu'être bon [2]. »

L'opinion selon laquelle le travail doit être ennuyeux est très répandue. Cette suggestion limitative nous imprègne tous dès l'enfance et très fortement. Il est savoureux de voir des adultes découvrir avec un étonnement fortement exprimé qu'ils ont eu du plaisir au cours suggestopédique. Certains même affirment qu'ils se sont vraiment bien amusés et qu'ils n'ont donc pas appris ! Et cela est dit, en anglais pendant le cours d'anglais, avec la bonne intonation ; preuve indéniable d'une excellente intégration facile et affective de la langue étrangère. La psychologie moderne reconnaît que les « événements jugés agréables par le sujet tendent à être mieux retenus par lui que les événements qu'il juge désagréables [3] ». Les faits désagréables entraînent inconsciemment une défense perceptive [4].

Pour H. Laborit, le plaisir n'est ni plus ni moins que le maintien de l'équilibre biologique : « Le plaisir est un mot qui exprime la sensation que vous éprouvez lorsque vous

---

1. Expression de Hugh Howse, directeur des programmes d'anglais par radio et télévision de la BBC.
2. *La fatigue à l'école,* p. 83.
3. M. Reuchlin, *Psychologie,* p. 177.
4. M. Reuchlin, *Psychologie,* p. 109.

rétablissez votre équilibre intérieur. Mémoire, souvenir à long terme, les expériences qui vont s'accumuler et l'expérience va vous permettre d'agir sur l'environnement de la façon de plus en plus fine, de plus en plus efficace. Vous ne répéterez pas les erreurs qui vous ont fait mal, mais vous répéterez les choses qui vous ont fait plaisir. Les biologistes du comportement trouvent que dans la stratégie qui vous a amené à vous faire plaisir vous faites un réenforcement. On réenforce parce que plus vous répétez l'acte qui vous a fait plaisir, plus vous avez tendance à le faire [1]. »

Une bonne part de la tension des étudiants durant un cours habituel vient de leur manque de confiance en leurs capacités. Durant un cours suggestopédique, la tension disparaît grâce à la rapidité des résultats obtenus, à « l'absence d'activités parasites psychologiques et physiologiques et à un contrôle de soi bien dirigé qui ne cause pas de fatigue [2] ».

Disons aussi que la détente vient rapidement du sentiment de sécurité éprouvé en vivant une situation qui ne soit ni menaçante ni vexante pour quiconque dans le groupe.

UNITÉ DU CONSCIENT ET DE L'INCONSCIENT : Un enseignement suggestopédique doit prendre en considération la totalité de la personne et donner une signification à la totale participation de toutes ses fonctions, logique et rationnelle, affective et artistique.

Selon la tradition, le processus d'apprentissage s'adresse « seulement aux structures du cortex et l'élève est considéré comme une machine cybernétique sans émo-

1. Conférence du 6-12-1978 à l'audio-club des P.T.T. : les bases biologiques des comportements sociaux.
2. G. Lozanov.

tion [1] ». La croyance toujours vive en la suprématie absolue des facultés conscientes rationnelles fait qu'on s'adresse à elles sans considérer qu'elles sont conditionnées par la vie affective.

Cela ne signifie d'ailleurs pas que dans l'enseignement traditionnel, le psychisme inconscient n'intervient pas. Il est toujours actif qu'on s'en préoccupe ou pas. Mais il y a déséquilibre très souvent ou non-harmonie, quand ce qui est adressé à l'activité logique entre plus ou moins en contradiction avec la perception inconsciente.

Ainsi, par exemple, dans l'enseignement des langues, un professeur bien intentionné s'efforce de calmer les inquiétudes de l'étudiant en affirmant que ce n'est pas si difficile, qu'il y arrivera... tout en lui présentant des textes aussi courts que possible. La contradiction ici renforce inconsciemment en l'étudiant la croyance en ses faibles capacités.

En suggestopédie, on ne dit pas seulement à l'étudiant qu'il peut beaucoup, on le lui prouve : il se rend compte très vite qu'il apprend des dialogues tenant sur huit à dix pages de manuel et contenant chacun un nombre important de mots nouveaux. Il y a harmonie entre ce qu'on lui propose de croire et ce qu'il ressent.

Ainsi, beaucoup de faits étonnants pour l'observateur non averti d'un cours suggestopédique — entre autres et parmi les plus importants est l'utilisation aussi grande que possible des moyens artistiques pour solliciter l'affectivité des étudiants — beaucoup de ces faits sont la mise en pratique rigoureuse de ce principe d'unité du conscient et de l'inconscient qui respecte la personne dans sa globalité.

L'INTERACTION SUGGESTIVE : « Nous savons que le début de l'apprentissage ne dépend ni de la compétence de

1. G. Lozanov.

l'enseignant en tant que tel, ni de son érudition, ni de la façon dont il organise les cours, ni de l'utilisation qu'il fait des moyens audio-visuels, ni de la programmation qu'il choisit, ni de la qualité de ses conférences et de ses présentations, ni du nombre de livres disponibles, bien que chacun de ces moyens puisse être utilisé à un moment ou à un autre avec profit.

« Non, la facilitation de l'apprentissage dépend d'une certaine qualité de l'attitude dans la relation inter-personnelle entre le facilitateur (l'enseignant) et celui qui apprend [1]. »

L'opinion du psychothérapeute et pédagogue américain, C. Rogers, rejoint ici celle des suggestologues bulgares. Il faut établir dans le cours suggestopédique une relation professeur/étudiants de confiance et de respect mutuels, ce qui exige du professeur des connaissances théoriques en psychologie mais aussi la possibilité, le talent d'instaurer et maintenir un contact humain positif.

Établir cette interaction suggestive signifie pouvoir contrôler la qualité des perceptions non spécifiques, et leur harmonisation avec les perceptions spécifiques, et ce, pour faire accepter et intégrer les connaissances consciemment et inconsciemment.

Rappelons que, pour G. Lozanov, « la qualité de l'interaction suggestive est mesurée par le degré de sollicitation des réserves », c'est-à-dire par l'importance des résultats obtenus à la fin d'un cours. C'est bien à cela que l'on reconnaît un cours suggestopédique, et certainement pas par les outils pédagogiques. Car il est plutôt facile d'imiter l'apparence d'un cours suggestopédique en organisant les concerts, les jeux, les chansons, etc. La tâche du suggestopédagogue est infiniment plus riche et plus complexe.

Son action s'exerce essentiellement dans le domaine du

1. C. Rogers, *Freedom to learn*, p. 105.

non-visible, de la suggestion concertée et résolument positive pour chacune des personnes dans le groupe. Un jeu n'est pas intéressant comme jeu en soi : il doit gratifier, solliciter les réserves, motiver pour utiliser des notions nouvelles, se dérouler en harmonie avec les trois barrières psychiques, sans choquer ni ennuyer.

Et aussi, pour réaliser un bon concert suggestopédique, il ne suffit pas de lire un dialogue sur un fond musical. Il convient de savoir, dans un cérémonial souriant, créer l'attente des étudiants pour un moment de beauté, fait de concentration détendue, d'émotion artistique partagée. Au suggesto-pédagogue revient donc la charge impérative d'être à la fois logicien, magicien et artiste.

Les trois principes de plaisir et d'absence de tension, d'unité du conscient et de l'inconscient et d'interaction suggestive, doivent obligatoirement s'appliquer ensemble. La non-observation d'un seul de ces principes fait qu'il n'y a plus enseignement suggestopédique. Ils permettent de cerner avec précision le champ d'action de la méthode et de fixer ses caractéristiques essentielles :

— L'enseignement se déroule dans une atmosphère produisant un effet de détente, au minimum de non-fatigue. Si les étudiants sont fatigués, il n'y a pas Suggestopédie.

— Le système sollicite les réserves mnésiques et intellectuelles et la personnalité entière de l'étudiant. Si le but n'est pas atteint, il n'y a pas Suggestopédie.

— L'expérience suggestopédique est toujours une expérience agréable, pouvant même produire des effets psychothérapeutiques.

Les moyens

Pour réaliser les principes suggestopédiques et introduire les conditions suggestives, le professeur dispose de trois sortes de moyens, qui s'exercent en étroite combinaison impérativement. Ces moyens sont de nature psychologique, didactique et artistique.

LES MOYENS PSYCHOLOGIQUES : Ils constituent un des aspects des deux autres groupes de moyens. Leur usage implique une formation théorique et pratique des enseignants qui leur permette de prendre conscience de l'importance des perceptions du deuxième niveau pour l'efficacité de la communication.

Les enseignants doivent apprendre à utiliser le plus grand nombre possible de stimuli affectifs et les perceptions périphériques. Ils doivent aussi savoir créer l'atmosphère propice au développement efficace de la suggestion concertée, dirigée vers l'enseignement du « comment apprendre » et la sollicitation des réserves humaines.

LES MOYENS DIDACTIQUES : Ils consistent principalement en la présentation d'un grand volume de matériel, ce volume inhabituel offert globalement permet de donner une signification immédiate à ce qui est appris et de dépasser les prétendues limites de la mémoire humaine.

Tout le talent du professeur réside dans sa faculté à faire passer [des notions abstraites] dans un contexte général et agréable. Lorsque l'étudiant voit où il va, il a un aperçu synthétique de ce qu'il est en train d'apprendre, il comprend mieux. C'est un facteur de motivation, celle-ci se trouvant encore augmentée par le climat agréable de la classe.

Dans l'enseignement des langues par exemple, le suggesto-pédagogue s'arrange pour diriger l'attention des étudiants vers la phrase entière (prise elle-même dans un contexte déjà reconnu). Et cette phrase prend toute sa signification dans une situation de communication précise durant le cours, intéressante, gaie et stimulante.

En même temps, la prononciation, le vocabulaire, la grammaire restent au deuxième plan de la perception. Ils sont pourtant assimilés lorsque le professeur sait diriger l'attention des étudiants dessus, pour quelques instants, au moment où ceux-ci en éprouvent le besoin, et revenir ensuite très vite à la situation en train de se vivre.

Le professeur évite, également, de faire répéter. Exercice spécialement ennuyeux, et qui suggère au niveau inconscient que la mémoire est mauvaise. Une des précieuses qualités du bon suggesto-pédagogue est son talent à créer des situations différentes qui permettent d'exploiter un matériel précis, au moment voulu, sous diverses formes qui évitent toute monotonie. L'étudiant d'un cours suggestopédique doit apprendre les notions sans (presque) s'en apercevoir.

C'est l'explication de ce principe qui explique le déroulement des jeux, sketches, chansons et autres activités durant le cours suggestopédique à un rythme très rapide bien que tout le monde reste calme. Cette succession donne également un sentiment d'abondance dans les activités, qui étonne l'observateur là encore, et satisfait l'étudiant.

Pour l'enseignement aux enfants, nous allons voir bientôt que ces mêmes idées ont présidé à l'élaboration de la méthodologie pour les apprentissages de base : lecture, écriture, calcul.

LES MOYENS ARTISTIQUES ne sont pas prévus à titre récréatif ou accessoire, mais font partie intégrante des leçons.

Ainsi, dans l'enseignement des langues aux adultes, nous avons vu comme les concerts sont l'élément principal pour la présentation des dialogues. Le choix des morceaux de musique se fait en laboratoire, après plusieurs essais pour mesurer leur retentissement physiologique chez les étudiants. Nous avons d'ailleurs déjà signalé l'importance de l'intonation et du rythme comme éléments suggestifs et l'insistance du Dr Lozanov pour rappeler la force émotionnelle et stimulante sur la personnalité de toutes les formes d'art.

Pour les concerts actifs (voir description de cette phase de présentation en première partie, p. 46), les chercheurs de l'Institut ont retenu les morceaux du répertoire de la musique classique pour l'influence émotive profonde qu'elle exerce sur la sensibilité des auditeurs.

Pour les concerts passifs, ce sont des morceaux d'époque préclassique qui ont été retenus. La musique préclassique, en effet, avec sa solennité et ses rapports métriques suggérant un ordre stable, apporte calme et sérénité. La lecture du professeur durant ce second concert est légère et régulière tout en restant harmonieuse, suggérant que la tâche est accomplie, le but est atteint (en l'occurrence la mémorisation).

Nous verrons d'ailleurs, dans la relation des expériences scientifiques, que la mémorisation du matériel est considérée comme accomplie durant cette phase de présentation avec les deux concerts. Les autres phases d'apprentissage ne servent que de consolidation et d'exploitation pour l'apprentissage de la langue.

Mais les concerts ne sont pas la seule forme d'art utilisée durant le cours suggestopédique. Toutes les formes d'expression trouvent leur place : dessin, chant, danse, poésie...

Le professeur doit, en effet, chercher à ce que l'activité entière du groupe soit une édification artistique active et constante, un moyen d'expression.

La moindre chanson apprise, une situation drôle ou poétique, un dialogue improvisé peuvent et doivent être matière à recherche esthétique et création personnelle. Ainsi, l'émotivité, la réceptivité, la satisfaction des étudiants se trouvent encore renforcées.

Pour l'enseignement aux enfants, des programmes artistiques complets sont prévus et mis au point. On peut voir arriver à l'Institut des classes d'enfants venant assister à une leçon de calcul qui prend la forme d'une émission de variétés à la télévision conçue tout spécialement pour eux. Les additions, soustractions, multiplications sont présentées dans le cours d'un spectacle composé de danses, de chants, de courtes anecdotes.

« Les moyens artistiques ne sont pas utilisés seulement pour créer une atmosphère plaisante pendant la réception, la mémorisation et la compréhension de l'information de base donnée dans la leçon. Ils doivent aussi favoriser la disposition mentale suggestive, l'attitude, la motivation, les attentes [1]. »

Parmi les expériences réalisées à l'Institut, pour tester la valeur des présentations artistiques, on peut citer celle faite avec des enfants d'un cours élémentaire ayant assisté à une représentation-leçon pour du calcul. Tout de suite avant le petit spectacle, les enfants réussissaient les épreuves de calcul dans une proportion moyenne de 39,2 p. cent, et après le spectacle dans une proportion de 56,7 p. cent.

Pour l'enseignement de l'anglais, dans une école primaire, on obtint les résultats suivants au test : 4,9 p. cent de correction avant le spectacle, 13,5 p. cent tout de suite après le passage d'un programme artistique didactique, 23,7 p. cent le lendemain, sans que les enfants aient reçu aucune autre leçon.

Ces résultats permettent de penser qu'une quantité non négligeable de matériel peut être assimilée sans travail apparent et sans effort, grâce à l'incorporation de moyens artistiques dans le cours même des leçons.

---

1. G. Lozanov.

Un placebo rituel

Dans *Ma vie et la psychanalyse,* Freud raconte comme il s'était très vite rendu compte de l'inutilité des techniques thérapeutiques qu'il utilisait : « Je mis donc l'appareil électrique de côté... le succès du traitement électrique, quand il en est, n'est dû qu'à la suggestion médicale [1]. »

A l'Institut, on s'est préoccupé de mesurer l'influence que pouvaient avoir sur le processus d'apprentissage le yoga, le training-autogène, l'hypnopédie, le feed-back alpha entre autres techniques (voir aussi *supra,* p. 99).

Une des plus célèbres expériences dans ce domaine eut lieu en 1965, à l'occasion d'un cours de russe dispensé à cent deux élèves de quinze à dix-neuf ans par la méthode hypnopédique (apprentissage pendant le sommeil).

Les textes étaient lus aux élèves une fois le soir avant qu'ils s'endorment afin qu'ils connaissent le programme diffusé pendant la nuit, puis de minuit à cinq heures du matin en douze fois. Les tests indiquaient une mémorisation moyenne de 85 p. cent.

A quinze de ces élèves, mis dans une salle séparée, on présenta le programme comme d'habitude avant le coucher. Mais la nuit, on débrancha les haut-parleurs sans que les dormeurs aient été prévenus auparavant. Le lendemain, la mémorisation du matériel, entendu une seule fois la veille au soir, était de 78 p. cent.

De toutes les expériences faites aussi avec les autres techniques, il est apparu que « ce n'est pas le phénomène externe, la conduite ou la prise en compte subjective pour quelque chose de spécial qui sous-tend tous ces systèmes, mais le complexe interne dé-suggestif/suggestif [2] ».

Puisque c'est l'attitude intérieure qui a une importance

---

1. *Ma vie et la psychanalyse,* p. 22.
2. G. Lozanov, *Souguestologuia.*

décisive, cette disposition mentale inconsciente étudiée par Uznadzé, c'est celle-ci qu'un système pédagogique visant l'exploitation des réserves humaines doit veiller à établir.

Et l'organisation matérielle du cours, sa présentation, ne prend plus alors que la signification d'un rituel, d'une forme de placebo permettant d'obtenir la disposition interne. Ce rituel d'ailleurs peut varier selon le genre de société auquel il s'adresse, à une époque donnée. Il changera, dit G. Lozanov, selon l'évolution humaine, jusqu'à disparaître parce que inutile.

En effet, d'un point de vue suggestologique, l'être humain, dans son développement, peut atteindre un niveau de conscience tel qu'il saura établir lui-même, par une autosuggestion contrôlée, sa disposition interne pour solliciter ses réserves.

En attendant d'arriver à cette possibilité idéale, encore futuriste, il s'agissait de trouver pour le cours suggestopédique un système servant de placebo rituel acceptable par tout un chacun, dans nos sociétés à notre époque. Théoriquement les possibilités sont nombreuses.

Mais tout le monde ne croit pas aux vertus du yoga. L'utilisation généralisée de l'hypnose ou de l'hypnopédie pose des problèmes évidents, et pas seulement d'ordre pratique. Il est difficile aussi d'imposer à tous de s'astreindre à des exercices de relaxation.

Dans l'état actuel de la recherche suggestopédique, c'est le concert qui représente entre autres fonctions [1] le facteur placebo, et les autres étapes de l'enseignement ont été éla-

1. Rappelons que le concert apporte aux étudiants des satisfactions d'ordre esthétique, un repos général vérifié expérimentalement par les mesures physiologiques. Il favorise aussi la pseudo-passivité de concert pour une meilleure communication suggestive.

borées autour de lui pour renforcer encore sa force dé-suggestive/suggestive, pour la mémorisation. Aussi, la conviction de l'efficacité de la séance est renforcée par la solennité dans laquelle elle se déroule, si frappante et incompréhensible pour l'observateur non averti.

On se doute que de multiples formules ont été essayées avant d'arriver à celle utilisée actuellement. Pour le moment, ce double concert, sous forme de séance active puis passive, paraît le mieux adapté pour obtenir l'effet désiré de facilitation de la mémorisation et de repos. Il a le grand avantage de rester un moyen naturel et agréable. Les étudiants se retrouvent dans la situation de l'auditeur de concert.

La musique choisie est testée expérimentalement non seulement par rapport à l'assimilation du matériel, mais aussi en considération de son rôle comme facteur psychologique et culturel. Entre autres résultats, on a pu constater que le fait pour certains étudiants de ne pas aimer particulièrement la musique des concerts n'a pas d'influence sur la qualité de leur mémorisation.

En Suggestopédie, tous les outils de la pédagogie peuvent être utilisés, et bien d'autres non encore imaginés. Nous avons vu que pour le savant bulgare ils ne resteront que des outils, un rituel, une mise en scène nécessaire mais non déterminante pour l'obtention des résultats hors normes. Et justement, ce sont ces résultats inhabituels qui prouvent le fait suggestif.

2.

LA PRATIQUE EXPÉRIMENTALE EN BULGARIE

A. Les résultats dans l'enseignement des langues aux adultes [1]

Afin de recueillir des informations sur les conditions d'apparition des phénomènes hypermnésiques, le système suggestopédique fut conçu comme méthode d'enseignement des langues étrangères en raison des facilités pratiques offertes.

C'est que dans l'enseignement des langues, la mémorisation et l'automatisation du matériel ont une importance très grande. De plus, la présentation des données à mémoriser en unités lexicales rend les décomptes particulièrement simples. Et aussi, de très nombreuses personnes désirent apprendre les langues étrangères, ce qui permet une sélection aisée des sujets pour les expériences. Et les nouvelles approches méthodologiques, ainsi expérimentées et clarifiées, peuvent aisément être adaptées à d'autres matières d'apprentissage.

1. Sauf indication précise, les chiffres communiqués sont tirés de l'ouvrage de G. Lozanov, *Souguestologuia*.

La mémorisation suggestopédique

Lors des premières expériences avec des groupes, en 1964, on organisa des cours offrant la même importante quantité de matériel à mémoriser (de soixante-dix à cent cinquante unités lexicales) à trois groupes suggestopédiques et à trois groupes de contrôle.

Au bout d'une semaine, les étudiants faisant partie du groupe de contrôle, « visiblement fatigués, au bord de la dépression nerveuse, protestaient fortement à l'encontre de la lourdeur insupportable du programme. Durant ce temps, les groupes expérimentaux avançaient rapidement, ils étaient d'excellente humeur et apprenaient le matériel sans aucune peine [1] ». Les groupes de contrôle furent alors mis à l'enseignement suggestopédique, purent combler leur retard et retrouver leur bonne humeur.

Pour les expérimentations, le volume de mémorisation est mesuré à partir de tests de contrôle écrits, passés le lendemain des sessions suggestopédiques, appelées aussi séances, comprenant, rappelons-le, une présentation du matériel avec concert.

Ces tests portent sur la traduction de mots, parmi ceux offerts pour mémorisation, et choisis au hasard. Cette traduction est faite de la langue étrangère en bulgare, et du bulgare dans la langue étrangère selon les tests. Le pourcentage d'assimilation du matériel est calculé pour chaque étudiant et fait l'objet d'un traitement statistique [2].

Notons simplement l'exemple d'un cas individuel, qui éclaire la façon dont sont calculés quelques-uns des pourcentages obtenus. L'étudiant P.M. suit un cours de langue étrangère, et subit sept tests différents. Sur un matériel de

1. G. Lozanov, *Souguestologuia.*

2. Les tests portent aussi sur la mémorisation de phrases. Par « mot » nous entendons ici « unité lexicale ».

1 600 mots présentés en trente et un jours de cours, il en a mémorisé 93,6 p. 100 (les tests portaient sur 896 mots), avec une probabilité de ± 1,57 p. cent.

On retient aussi qu'il a mémorisé 49 mots par jour en moyenne et appris à les utiliser correctement. De plus, les 1 600 mots ayant été présentés en quinze sessions suggestopédiques, cet étudiant a mémorisé une moyenne de 100 mots par séance de quarante-cinq minutes chacune.

D'après ces calculs faits sur les résultats obtenus par des centaines de sujets, on considère que la mémorisation moyenne est de 93,16 p. cent du matériel présenté pour un cours comprenant entre 1 600 et 2 000 unités lexicales.

Mais dans l'enseignement des langues, retenir une quantité de mots n'est intéressant et profitable que si on est capable de les utiliser, et d'une manière créatrice, c'est-à-dire dans des situations diverses et à bon escient.

A. Novakov, chercheur scientifique et professeur de français à l'Institut, s'est penché sur ce problème de mesure de la qualité pratique de la mémorisation. Cette étude d'un savoir-faire linguistique comparé à un savoir venant d'être acquis représente une analyse complexe.

Le but de l'expérience était de « révéler et systématiser les spécificités les plus caractéristiques du discours des étudiants dans des conditions suggestopédiques [1] ». A la fin d'un cours, six groupes d'étudiants en anglais, français et allemand furent mis par deux dans une situation déterminée et nouvelle dans laquelle il s'agissait de converser.

C'est la production orale de ces étudiants durant leur sketch qui, enregistrée au magnétophone, a été analysée principalement du point de vue du caractère de la communication et de la créativité manifestée.

---

1. A. Novakov, « The speech output of students in the initial stage of suggestopaedic instruction in foreign languages », *in Suggestology and Suggestopaedia,* n° 2, 1975, p. 28.

Dans la situation précise donnée, les étudiants avaient manipulé, avec des fréquences diverses, dix-neuf fonctions langagières, depuis l'échange d'information (28,47 p. cent de leurs conversations), la sollicitation ordinaire, polie, impolie (4,4 p. cent), le refus poli, justifié (1,93 p. cent) entre autres, jusqu'aux reproches et menaces (0,67 p. cent) et aux insultes (0,13 p. cent). (Voir tableau en annexe p. 238.)

Du point de vue de la créativité manifestée, il a été décompté que 93 p. cent des phrases émises et 89 p. cent des idées étaient différentes de celles du manuel, ou ressemblantes. De plus, c'étaient les phrases transformées complètement qui avaient été le plus produites, dans la population de 64,15 p. cent du total des conversations.

A. Novakov remarque aussi, résultats chiffrés détaillés à l'appui, que le plus grand nombre de pensées et idées émises l'avaient été sur un thème non abordé dans le manuel et non traité en classe. Ce thème représentait 33,7 p. cent des conversations et constituait un apport absolument original par rapport à l'enseignement dispensé. Le fait serait dû au caractère inattendu du sujet proposé aux étudiants et à sa nouveauté.

Les résultats de cette expérience viennent confirmer les impressions subjectives de l'observation directe : l'apprentissage suggestopédique permet l'utilisation des connaissances acquises de manière souple et créatrice.

La mémorisation suggestopédique en rapport avec l'âge et le sexe

On étudia le pourcentage de mémorisation de quatre cent vingt-sept étudiants comprenant cent cinquante-sept femmes et deux cent soixante-dix hommes, par groupes d'âge, ayant suivi un cours suggestopédique.

La différence de mémorisation entre les deux sexes, qui s'élève à 1,41 p. cent (94,05 p. cent pour les femmes et 92,64 p. cent pour les hommes) n'est pas statistiquement significative (t = 1.03). Par contre, l'âge paraît devoir influencer les résultats obtenus dans une certaine proportion.

Ainsi, pour les femmes comme pour les hommes, les résultats les plus élevés sont obtenus dans les groupes d'âge de vingt et un à trente ans (95,38 p. cent et 94,5 p. cent de mémorisation) et les groupes d'âge de trente et un à quarante ans (95,58 p. cent et 93,52 p. cent de mémorisation).

Chez les personnes de moins de vingt ans, les résultats sont très légèrement inférieurs (93 p. cent et 93,73 p. cent de mémorisation). Mais c'est chez les sujets de plus de quarante ans que la diminution est plus sensible.

En effet, le pourcentage de mémorisation entre quarante et un et cinquante ans est respectivement de 89,85 p. cent et 90,59 p. cent chez les femmes et les hommes, et de 92,25 p. cent et 90,36 p. cent pour les plus de cinquante ans.

On peut donc constater que c'est au-dessous de quarante ans que la mémorisation est la plus élevée. Mais il faut noter tout de même que compte tenu du volume tout à fait inhabituel de matériel présenté pour apprentissage, la mémorisation des plus de quarante ans reste particulièrement élevée puisqu'elle ne descend pas au-dessous de 89,85 p. cent. (Voir tableau en annexe p. 239.)

La mémorisation suggestopédique et le niveau d'instruction

Il a paru intéressant aux chercheurs bulgares de mesurer la différence de mémorisation pouvant éventuellement se produire entre les personnes ayant reçu une éducation secondaire et celles ayant obtenu des diplômes universitaires.

Les résultats obtenus ont été une mémorisation de 92,60 p. cent pour les premiers (120 personnes), et de 93,38 p. cent pour les autres (296 personnes), et la différence de 0,77 p. cent n'est pas statistiquement significative.

La mémorisation suggestopédique selon la langue apprise

La mémorisation obtenue est de :
— 95,00 p. cent pour l'allemand,
— 94,40 p. cent pour le français,
— 92,40 p. cent pour l'anglais,
— 95,60 pour l'italien.

On peut déduire de ces pourcentages que la méthode suggestopédique convient bien à l'enseignement des diverses langues, les différences n'étant pas considérées comme statistiquement significatives.

La durabilité de la mémorisation suggestopédique

Il convient de distinguer deux grandes catégories d'expériences dont les pages suivantes rendent compte : celles organisées pour mesurer le volume d'hypermnésie possible dans des conditions suggestopédiques, celles visant à évaluer l'hypermnésie dans des conditions d'apprentissage d'une langue étrangère, c'est-à-dire après un cours.

Quand il s'agit de mesurer l'hypermnésie, les chercheurs présentent des listes de mots étrangers, dans des conditions suggestopédiques, c'est-à-dire en élaborant un schéma expérimental visant à établir la disposition mentale selon Uznadzé, dirigée vers les réserves mnésiques des sujets.

Mais lorsqu'il est question de mettre au point une méthode d'apprentissage des langues étrangères, utilisable éventuellement à grande échelle, il faut établir cette disposition mentale en la dirigeant non seulement vers les réserves mnésiques, mais aussi vers les réserves qui permettent l'apprentissage efficace. Pour parler une langue étrangère, il ne suffit pas d'apprendre des listes de mots, mais il est indispensable également d'intégrer un nouveau système linguistique, de l'accepter afin de savoir l'utiliser selon ses besoins propres.

Pour G. Lozanov, il ne convient pas de prévoir pour un cours suggestopédique destiné à l'apprentissage d'une langue étrangère des mémorisations trop importantes — mille unités lexicales en une séance par exemple — car, selon lui, un tel volume d'apprentissage est pour le moment beaucoup trop en contradiction avec la norme sociale concernant les possibilités humaines.

C'est pourquoi les séances de mémorisation, durant les cours de langues, prévoient des présentations de deux cent cinquante à trois cents unités lexicales seulement à la fois. Remarquons que cette quantité est déjà étonnamment élevée selon les critères habituels.

Mais, durant le cours suggestopédique, les possibilités bien plus importantes de l'étudiant pour absorber les connaissances sont de même exploitées pour faire assimiler la grammaire et tout un matériel linguistique supplémentaire. Elles le sont en tenant compte des perceptions périphériques.

Voilà donc une des raisons pour lesquelles l'apprentissage qui accompagne les séances de mémorisation durant les cours suggestopédiques (c'est-à-dire les phases de première et deuxième exploitation décrites dans la première partie de cet ouvrage) se fait de manière indirecte, souvent imperceptible consciemment, au cours de jeux et de situations plaisantes créées en classe et toujours rigoureusement contrôlées par le professeur. Ainsi, il n'y a pas de conflit marqué avec la norme sociale qui ne reconnaît pas la possibilité humaine d'absorber valablement beaucoup à la fois.

Ce qui suit rend donc compte, à la fois, des expériences portant sur la mémorisation suggestopédique au cours desquelles n'ont été essayés que des éléments suggestifs pour exploiter les réserves mnésiques des sujets, et des expériences portant sur les résultats des cours de langue, qui eux sont organisés pour un véritable apprentissage efficace de la langue étrangère.

Ces expériences sont particulièrement intéressantes dans la mesure où il existe une idée reçue et largement répandue selon laquelle un apprentissage facile et rapide n'est pas conservé longtemps, s'oublie vite.

Mémorisation après quelques jours

Nous avons vu que l'hypermnésie, juste après la séance (présentation et concerts) ou le lendemain, était en moyenne de plus de 93 p. cent du matériel présenté.

Les tests de contrôle auxquels ont été soumis des étudiants quarante-huit heures et soixante-douze heures après la présentation n'ont pas apporté la preuve d'une différence statistiquement valable qui permettrait de penser que l'oubli à court terme puisse se quantifier d'une manière significative.

Mémorisation après certains délais suivant la fin des expériences

Étant donné le volume de matériel inclus dans les tests, il a paru possible d'étudier les variations du phénomène d'oubli dans des cas individuels comme pour des groupes entiers.

Ainsi B. A. a participé à une expérience à grande échelle de mémorisation de mille nouveaux mots en mars 1966. D'après le test de contrôle immédiatement après la séance, il a mémorisé 98 p. cent de ces mots.

En décembre 1967, il fut soumis au même test qui révéla une rétention des connaissances de 53,3 p. cent. Il y eut alors une simple lecture par le professeur de l'ensemble du matériel présenté au cours de la séance de mars 1966. Une nouvelle vérification montra une mémorisation de 73 p. cent.

Pour les contrôles, les étudiants sont convoqués chacun à un moment différent après la fin de l'expérience à laquelle ils ont participé. Sélectionnés au hasard, ceux qui répondent à l'appel n'en connaissent pas la raison et n'ont donc pas l'idée de se préparer au contrôle.

L'ensemble des résultats obtenus au cours de ces vérifications de la mémorisation montre que la rétention diminue d'une manière lente et régulière avec le temps. Aussi, près de deux ans après la fin d'un cours suggestopédique, les étudiants peuvent encore disposer de 50 p. cent environ du matériel appris, ce qui implique un retard dans le phénomène d'oubli par rapport aux normes.

D'après des mesures réalisées à l'Institut, on a ainsi constaté que dans une période allant jusqu'à cinq mois après la fin du cours suggestopédique, la mémorisation était encore de 82,4 p. cent (pour une mémorisation en fin de cours de 92,4 p. cent). Et huit à seize mois après la fin du cours, elle était de 87,4 p. cent (pour une mémorisation moyenne de 95,6 p. cent en fin de cours). Après une période de vingt-deux mois — près de deux ans après la fin du cours, cette mémorisation descend à 50,4 p. cent du matériel. (Voir tableau en annexe p. 239.)

Mais il y a plus encore : la restauration étonnante des

connaissances après une simple lecture par le professeur du matériel appris précédemment. Ainsi, dix personnes testées le 17 novembre 1963 ont montré une mémorisation variant entre 96 et 100 p. cent. Un contrôle du 4 mars 1966 de ces mêmes personnes a montré qu'elles possédaient encore entre 96 et 100 p. cent de ces mêmes connaissances (après vingt-sept mois).

Ce phénomène se produit également lorsque les sujets ont pu mémoriser cinq cents mots étrangers isolés en une session de présentation et musique. Pour une mémorisation immédiate de 99 et 100 p. cent, les chiffres étaient encore de 95 à 100 p. cent trois mois et demi après cette session.

Des expériences similaires ont également été faites sur la mémorisation d'unités lexicales séparées et de phrases nouvelles. Les résultats obtenus ont été encore les mêmes.

Pour G. Lozanov, ces chiffres montrant une diminution retardée et régulière des connaissances acquises durant une session, et une restauration possible presque complète le moment venu, prouvent que la durabilité de l'hypermnésie suggestive « est soumise à ses propres lois, bien plus favorables, d'un point de vue pratique, que celles qui gouvernent les voies de mémorisation ordinaires [1] ».

L'hypermnésie suggestive et la mémoire ordinaire

L'hypermnésie suggestive vient des capacités de réserve de la personne. Il pouvait être intéressant de déterminer si le cours suggestopédique avait une influence sur la mémoire ordinaire. D'autant plus que de nombreux étudiants avaient signalé une amélioration de leur mémoire

1. G. Lozanov, *Souguestologuia.*

pour leur travail habituel pendant qu'ils venaient à l'Institut.

Pour cette recherche, fut élaboré et appliqué le test de Hindi. On établit deux listes de cent mots pris dans la langue hindi, en prenant soin de composer ces listes avec une complexité égale de syllabes, et un même nombre de substantifs, adjectifs, etc.

L'une de ces listes comprenant donc ces cent mots étrangers avec leur traduction en bulgare fut donnée aux étudiants le premier jour d'un cours suggestopédique avec la tâche de les mémoriser durant une heure. Le lendemain, on leur redonna la liste des mots hindi en leur demandant d'écrire eux-mêmes la traduction.

Le dernier jour du cours suggestopédique, l'opération similaire fut recommencée avec la deuxième liste de cent mots. Pour certains groupes, on prit soin de changer l'ordre des mots, dans d'autres on inversa les listes sans observer une modification quelconque des résultats.

Pour les cent quarante et une personnes ayant participé à l'expérience, la mémorisation de la liste présentée pour apprentissage sous une forme habituelle au début du cours suggestopédique fut de 33,9 p. cent. A la fin du cours, c'est-à-dire cinq semaines plus tard, la mémorisation de la deuxième liste fut de 50,2 p. cent. La différence observée de 16,3 p. cent est significative avec une probabilité de 0,999.

« L'enseignement suggestopédique a un effet très favorable sur la mobilisation des capacités de la mémoire des étudiants, également pour les mémorisations non suggestopédiques [1]. »

---

1. G. Lozanov, *Souguestologuia.*

L'enseignement suggestopédique et les fonctions intellectuelles

Déjà bénéfique pour la mémoire ordinaire, il pouvait être intéressant de voir si l'enseignement suggestopédique influençait aussi favorablement les autres fonctions intellectuelles.

Parmi les divers tests utilisés, pour cette mesure, on peut citer celui qui fait réaliser un certain nombre de tâches consistant en conclusions mentales à tirer de deux raisons données précédemment. L'expérience eut lieu à l'Institut avec deux cent vingt-six étudiants.

En début de cours, ils cherchèrent un total de quatre mille trois cent quarante-deux problèmes, en résolurent correctement deux mille sept cent soixante-deux, c'est-à-dire 63,6 p. cent. A la fin du cours suggestopédique, sur un total de quatre mille deux cent quarante-six problèmes, les étudiants en résolurent correctement trois mille cent quatre-vingt-dix-neuf, soit 75,3 p. cent. (Tableau en annexe p. 240.)

Ainsi, avec une différence statistiquement significative de 11,7 p. cent, les étudiants ont résolu correctement une plus grande quantité de problèmes à la fin du cours qu'au début.

Dans un autre test, il s'agit pour les étudiants, au cours de dix problèmes, de déterminer quel mot, sur les cinq donnés, correspond à un concept précis, selon le modèle prévu. C'est une tâche analogique simple qui a été réussie avec un pourcentage de 62 p. cent en début de cours, et 68 p. cent en fin de cours. La probabilité statistique de cette différence est de 0,99 p. cent.

Quant aux douze problèmes pour une tâche analogique complexe, ils furent réalisés correctement avec une moyenne de 43 p. cent au début comme à la fin du cours suggestopédique.

Pour G. Lozanov, ces résultats montrent que le fonctionnement intellectuel est amélioré par cet enseignement, mais l'activité intellectuelle elle-même ne semble pas modifiée. Il pense que si le cours suggestopédique avait duré plus longtemps, on aurait pu observer un changement positif plus profond.

Déjà, il est prouvé que « l'activation et la mobilisation des fonctions intellectuelles sont spécialement positives. L'enseignement suggestopédique ne sollicite pas seulement la mémoire mais également les réserves intellectuelles [1] ».

L'enseignement suggestopédique et les capacités de travail mental

Dans le cours d'un travail intense et continu, il est habituel d'observer une diminution des capacités de travail, due à la fatigue, et qui se manifeste par une détérioration de la qualité et de la quantité de tâches définies.

R. Noncheva, chercheuse scientifique à l'Institut, a fait plusieurs expériences pour mesurer l'importance éventuelle de cette fatigue durant les cours suggestopédiques [2].

Elle utilisa pour sa recherche un test de calcul mental comportant des problèmes à résoudre en un temps donné et utilisant les quatre opérations, et un test de pointage. Cent vingt-quatre étudiants furent soumis au test des opérations.

Pour une moyenne de problèmes cherchés en début de

1. G. Lozanov, *Souguestologuia.*
2. R. Noncheva, « Dynamics of the mental capacities of students in the course of suggestopaedic instruction in foreign languages », in *Suggestology and Suggestopaedia,* nº 2, 1975, p. 36 à 41.

cours de 6,27, on en dénombra une moyenne de 4,55 qui furent résolus. En fin de cours, il fut cherché un nombre moyen de problèmes s'élevant à 7,04 avec une résolution correcte de ces problèmes de 5,21. (Voir tableau en annexe p. 240.)

On a pu ainsi constater que 64,52 p. cent des étudiants avaient augmenté leur capacité de travail à la fin du cours suggestopédique et 60,48 p. cent de ces mêmes étudiants avaient augmenté leur précision dans la réalisation de ce même travail. Ces nombres obtenus sont statistiquement significatifs ($p < 0{,}001$ et $p > 0{,}0001$).

Le test de pointage, lui, consiste, durant deux minutes, à rayer une certaine lettre et à en souligner une autre dans un texte donné.

En début de cours, cinq cent soixante et une personnes ont examiné en moyenne trois cent vingt-cinq lettres et en ont manqué une moyenne de 5,49. En fin de cours, quatre cent quarante-deux personnes ont examiné trois cent quarante-huit lettres et en ont manqué en moyenne 4,82.

On peut donc constater qu'à ce test également, les étudiants ont amélioré en quantité et qualité l'accomplissement de la tâche. Le nombre de lettres examinées a en effet augmenté dans une proportion de 7,08 p. cent ($p < 0{,}01$), tandis que le nombre de lettres manquées a diminué de 12,2 p. cent, de 5,49 à 4,82. La différence n'est pas statistiquement significative et peut faire partie des fluctuations accidentelles possibles.

D'après l'ensemble de ces résultats, il semblerait donc que les capacités de travail ne soient pas diminuées après un enseignement suggestopédique. Nous verrons que les investigations physiologiques confirment ce phénomène.

L'enseignement suggestopédique et la dynamique de la suggestibilité

Au début d'un cours suggestopédique, on distribue aux étudiants une image qu'ils observent durant une minute avant de la rendre. Ils doivent répondre ensuite à trois questions écrites posées de telle façon qu'elles soient déroutantes et en contradiction avec l'image présentée. A la fin du cours, le même test est passé à nouveau avec une autre image et d'autres questions.

Cette expérience ne prétend pas révéler toute la suggestibilité de la personne mais seulement donner une idée des conditions dynamiques précises de l'environnement suggestif général durant le déroulement du cours suggestopédique.

Ainsi, au cours de cette expérience, à laquelle participèrent deux cent trente-six étudiants, on leur posa sept cent huit questions. Au début du cours suggestopédique, le pourcentage de leurs réponses prouvant qu'ils s'étaient laissé influencer par les questions trompeuses fut de 33,90 p. cent, et tomba à 13,96 p. cent en fin de cours. Ces résultats sont statistiquement significatifs avec une probabilité dépassant 0,999. (Voir tableau en annexe p. 241.)

G. Lozanov explique cette diminution de la suggestibilité générale comme « une expression de la suggestibilité qui se concentre principalement sur l'augmentation de la mémoire durant le processus d'enseignement [1] ».

Il est très vraisemblable également que l'augmentation du tonus personnel, de la confiance en soi et en ses possibilités justifie ces résultats dans une certaine proportion.

---

1. G. Lozanov, *Souguestologuia.*

L'enseignement suggestopédique et ses effets psychothérapeutiques

Un questionnaire fut préparé pour obtenir des renseignements sur l'état de santé subjectif des étudiants au début du cours suggestopédique et à la fin. Les résultats suivants ont été obtenus après distribution d'un questionnaire à trois cent quatre-vingt-seize étudiants.

Personne n'a signalé avoir remarqué une conséquence nocive de la fréquentation des cours sur sa personne. Trois cent vingt-sept personnes (soit 82,6 p. cent) n'ont remarqué aucun effet particulier, et soixante-neuf (soit 17,4 p. cent) ont signalé un effet positif. (Tableau en annexe p. 241.)

On peut considérer d'après ces résultats que, malgré l'important volume inhabituel du matériel à apprendre, les étudiants ne ressentent pas d'effet défavorable de quelque nature qu'il soit. Et pour une certaine proportion d'entre eux, le cours suggestopédique a eu des répercussions favorables sur des désordres fonctionnels. De plus, un certain nombre de plaintes de caractère névrotique ont disparu.

Spontanément, de nombreuses personnes ont écrit à l'Institut pour exposer leurs impressions et les changements éprouvés à la suite de leur expérience suggestopédique. En voici quelques exemples :

— I.V., cours d'allemand de novembre 1967. « Avant le cours, je me sentais nerveux et irritable. J'avais du mal à dormir. Quelques jours après avoir commencé, je me suis aperçu que j'étais plus calme et m'endormais beaucoup plus facilement... »

— E.I., cours d'allemand de novembre 1967, écrivit que la migraine dont elle souffrait depuis de nombreuses années était guérie. Elle ajoute : « Mais cela est bien peu en comparaison de tous les sentiments encourageants que j'ai éprouvés... J'ai commencé à voir la vie et la réalité qui m'entoure plus philosophiquement. »

— Dr E., cours d'allemand de novembre 1967. « Durant trente jours, assis dans mon fauteuil à l'Institut, je me suis senti enlevé, reposé, libéré de la mesquine routine quotidienne. Les soucis et les désagréments perdaient de leur intensité mordante, les choses d'une difficulté insupportable devenaient plus faciles. Je m'améliorai dans mon travail et je devins capable de faire un effort supplémentaire presque au-delà de ma force. Dans ce fauteuil, il semble qu'on s'aperçoive que l'homme peut être meilleur, les choses moins compliquées et la vie plus belle. »

Deux chercheurs scientifiques, D. Kolarova et P. Balevski, essayèrent de mesurer les éventuels avantages d'utilisation de la méthode suggestopédique pour le traitement de diverses névroses [1].

De leurs études détaillées, on peut tirer l'exemple de quatre-vingt-dix-sept neurasthéniques ayant suivi un cours suggestopédique de langue étrangère. A la fin de ce cours, 72 p. cent d'entre eux étaient guéris ou grandement améliorés, 23 p. cent ne présentaient pas de changement de leur état, tandis que 5 p. cent voyaient leur maladie temporairement aggravée pour des raisons extérieures au cours.

1. D. Kolarova et P. Balevski, « Neuroses and suggestopaedic instruction in a foreign language », in *Suggestology and Suggestopaedia,* n° 3, 1975, p. 39 à 46.

L'enseignement suggestopédique et les modifications physiologiques qu'il peut entraîner

D'emblée, l'étude des répercussions éventuelles de l'enseignement suggestopédique sur la santé des étudiants est apparue comme essentielle. Ces préoccupations sont dues au volume inhabituel de l'apprentissage et au fait que les étudiants sont des personnes intégrées dans la vie sociale, ayant des emplois à temps complet, et pour qui la fréquentation des cours entraîne une réduction importante du temps consacré au repos et aux loisirs.

Il convenait de vérifier si, aux données psychologiques si favorables à l'enseignement suggestopédique, correspondaient des résultats physiologiques offrant les mêmes garanties. G. Lozanov insiste bien sur le fait que, malgré les brillants résultats obtenus avec la méthode, il en aurait abandonné toute idée de développement à grande échelle si le moindre doute avait subsisté, d'après les expériences, d'une répercussion nocive éventuelle sur la santé des étudiants.

L'Institut de Sofia est le premier endroit au monde, et peut-être encore le seul, où l'on ait pensé à étudier et mesurer les réactions physiologiques durant l'enseignement.

Les méthodes d'investigation employées sont d'ailleurs très connues et utilisées dans tous les pays pour d'autres domaines de recherche : physiologie du travail, des sports, spatiale, etc.

Le laboratoire de psycho-physiologie occupe une petite pièce dans l'Institut, remplie de très nombreux appareils de mesure, pour vérifier le changement ou l'absence de changement intervenant au niveau du cœur, des muscles, du cerveau durant les diverses phases d'apprentissage.

Ce genre de recherches n'implique aucune gêne pour les étudiants qui s'y prêtent. Durant le cours, ils gardent sur eux un petit appareil de 80 grammes, qui est un transmetteur radio transistorisé de fabrication française, maintenu avec des électrodes sur le cœur, la nuque ou le poignet. Petit et léger, cet appareil se fait oublier très vite.

Les ondes émises ainsi sont captées au laboratoire dans un polyphysiographe, équipé de huit canaux différents pour la réception de huit électro-encéphalographes à la fois, de huit autres canaux pour les électro-miographes servant à étudier la réactivité des muscles. Cet appareil peut aussi rendre compte du degré de transpiration, du pouls, de la dilatation des vaisseaux sanguins.

Un analyseur d'ondes cérébrales sert à calculer la réactivité du cerveau à divers sons. Il permet ainsi de constater s'il y a changement dans les ondes cérébrales d'un étudiant au moment où il ne comprend pas quelque chose, ou lorsqu'il entend un mot nouveau de la langue étrangère apprise.

Les réactions destinées à des investigations poussées sont enregistrées sur un magnétophone spécial, muni d'un amplificateur, qui permet de lire les renseignements obtenus quand il convient aux chercheurs, et à une échelle de grandeur confortable pour l'étude.

Un autre appareil donne la moyenne des fréquences cérébrales et des pulsations au moment même où elles sont mesurées chez les étudiants, et cela pour deux personnes à la fois. Utilisé en même temps qu'un circuit fermé de télévision, ce lecteur de moyennes permet le contrôle des réactions physiologiques en connection directe et instantanée avec le moment précis du cours durant lequel ces réactions sont relevées. On peut ainsi reconnaître avec exactitude les phases pénibles ou agréables d'un cours en fonction des répercussions physiologiques éventuelles.

1. Mesure de l'activité cérébrale bio-électrique durant le cours suggestopédique

Diverses expériences s'attachent à comparer les variations des niveaux de l'activité cérébrale au repos, durant un travail intellectuel habituel, durant un cours suggestopédique. Ces niveaux sont calculés en faisant la moyenne de la distribution quantitative des différentes ondes cérébrales principales, dont il convient de rappeler brièvement les caractéristiques.

— Les ondes Bêta ont une fréquence variant de treize à trente-cinq cycles par seconde (hertz). Ce sont les plus rapides et elles augmentent en quantité lors d'un travail difficile.

— Les ondes Alpha s'établissent entre huit et treize cycles par seconde, et leur quantité augmente souvent quand le sujet a les yeux fermés ou se détend. Mais cette augmentation n'apparaît pas comme un critère suffisant à lui seul pour indiquer le repos cérébral. Il ne sert que d'indication dans la complexité des variations individuelles importantes. D'ailleurs, un certain nombre de personnes (20 à 25 p. cent des sujets) ne produisent pas ou presque pas d'ondes Alpha et connaissent pourtant des périodes de repos cérébral.

— Les ondes Thêta ont une fréquence de quatre à sept cycles par seconde. Elles sont mêlées aux ondes Alpha et en rapport avec le degré d'émotivité. Elles sont caractéristiques de la première phase du sommeil.

La répartition de ces trois ondes principales varie selon qu'un sujet est au repos ou effectue un travail intellectuel quelconque, résolution de problèmes, mémorisation. Par exemple, lorsqu'un sujet V.K. se repose, ses ondes cérébrales se répartissent dans la proportion de trente et un pour les Alpha, cinquante-sept pour les ondes Bêta et onze pour les ondes Thêta.

Lorsque l'on demande au même sujet de résoudre des problèmes, les indices de ses ondes cérébrales changent et s'élèvent à vingt-quatre pour les ondes Alpha, soixante-treize pour les ondes Bêta et trois pour les ondes Thêta. (Voir tableau en annexe p. 241.)

On a calculé que, par rapport au repos, un travail mental provoque une diminution de la quantité des ondes Alpha et Thêta et une augmentation des ondes Bêta. De plus, le retour à une répartition d'avant le travail prend de cinq à vingt minutes selon la durée du travail.

Différente est la répartition des ondes dans leurs variations durant le cours suggestopédique comme on peut le constater à partir des résultats obtenus en examinant les électro-encéphalogrammes de cent cinquante étudiants. (Voir tableau en annexe, p. 242.)

En effet, les indices des ondes cérébrales varient à peine durant les trois premières heures de cours suggestopédique en restant autour de trente pour les ondes Alpha, autour de cinquante-cinq pour les ondes Bêta et autour de quinze pour les ondes Thêta.

Durant la séance de concert, l'augmentation des ondes Alpha qui passe de l'indice trente à quarante et la diminution des ondes Bêta (de cinquante-cinq à quarante-sept) pourraient indiquer un repos mental. Pourtant nous savons que la mémorisation du matériel présenté se réalise principalement durant ces séances.

En comparant ces mesures bioélectriques du cerveau à celles du sujet V.K. (p. 241), on peut observer que la forte augmentation des ondes Bêta et la réduction des ondes Alpha qui semblent indiquer un travail cérébral intense ne se produisent pas chez les sujets suivant un cours suggestopédique.

Pour G. Lozanov, les changements enregistrés dans les

électro-encéphalogrammes des étudiants d'un cours suggestopédique sont caractéristiques d'un travail mental de faible intensité, alors que la méthode apporte une énorme quantité d'informations dans la leçon. On constate donc une économie d'énergie et de fatigue assez remarquable.

P. Balevsky, dans une recherche importante, a étudié les variations du rythme général de l'activité cérébrale bioélectrique tout comme les variations de la répartition des ondes [1].

Il est reconnu scientifiquement que le processus d'assimilation est amélioré dans une certaine limite par l'augmentation de l'activité cérébrale. Or, des méthodes dans lesquelles la suggestion tient une place importante (relaxation, yoga, etc.) et la méthode d'enseignement suggestopédique sembleraient montrer qu'un fort apport d'informations ne s'accompagne pas d'une augmentation élevée de l'activité mentale bioélectrique.

P. Balevsky s'est donc attaché à rechercher quel était le niveau optimum de l'activité cérébrale dans le processus d'apprentissage. Et il a également étudié la corrélation entre le niveau d'activité cérébrale et le niveau de la mémoire à court terme dans des conditions ordinaires et dans des conditions suggestives (ne comprenant que la lecture du matériel avec les intonations prévues et le concert).

Parmi ses conclusions chiffrées, on peut signaler celle montrant que la mémorisation n'est pas invariablement connectée avec une augmentation de l'activité cérébrale et qu'il y a de grandes différences individuelles. Mais d'une manière générale, l'augmentation optimum de l'activité cérébrale pour une mémorisation habituelle est de 20 à 25 p. cent par rapport à un état de détente.

---

1. P. Balevsky, « EEG changes in the process of memorization under ordinary and suggestive conditions », in *Suggestology and Suggestopaedia*, n° 1, 1975, p. 26 à 35.

Dès que l'on utilise quelques éléments suggestopédiques pour une mémorisation, la règle ci-dessus est contredite partiellement. On peut donc penser qu'en utilisant tous les éléments dans un cours, elle le sera entièrement.

Les résultats obtenus par P. Balevsky montrent qu'une mémorisation efficace est possible à un niveau relativement bas de l'activité cérébrale. Ainsi pour la mémorisation de onze phrases dans les conditions habituelles, l'augmentation de l'activité cérébrale par rapport au repos est de 6,3 p. cent ; si ces onze phrases sont présentées avec quelques éléments suggestifs, cette augmentation est de 1,05 p. cent.

De plus, la mémorisation suggestive a été meilleure que la mémorisation ordinaire dans une proportion de 14 p. cent. ($p < 0{,}05$). Et pour P. Balevsky, nous arrivons ici à une situation paradoxale de plus grande productivité cérébrale avec une excitabilité plus basse. Il affirme : « La signification psycho-hygiénique de l'effet suggestif est évidente, et le niveau optimum de l'activité cérébrale pour un travail mental est une quantité relative qui change selon les conditions expérimentales et les caractères individuels de l'étudiant. Ce fait montre qu'il faut réexaminer le concept traditionnel du mécanisme psycho-physiologique de l'attention, et de la part prise par le cerveau dans le processus d'apprentissage [1]. »

2. *Mesures du pouls et de la pression sanguine dans le cours suggestopédique*

De nombreuses expériences se sont déroulées de 1955 à 1968. Les résultats obtenus permettent de penser qu'un

1. P. Balevsky, « EEG changes in the process of memorization under ordinary and suggestive conditions », in *Suggestology and Suggestopaedia,* nº 1, 1975, p. 35.

travail mental intense de courte durée s'accompagne d'une augmentation des pulsations et d'une élévation de la pression sanguine. Mais une activité mentale plus lente et de plus longue durée fait diminuer le nombre des pulsations et amène une légère chute de la pression sanguine.

Dans l'enseignement suggestopédique, environ la moitié des étudiants présentent un abaissement de ces deux mesures à la fin du cours par rapport au début. La tendance pour les pulsations est vers un retard moyen de cinq battements par minute, la pression sanguine, elle, s'abaisse de quatre degrés.

Durant les séances particulièrement longues, on n'observe pas de changements physiologiques importants. Par exemple, le 27 juin 1967, après une séance de mémorisation de six cents mots étrangers, le pouls chez les étudiants tomba en moyenne de 80,2 à 74,3 et il n'y eut pas de différence dans la pression sanguine par rapport au début de la séance.

« C'est la preuve que la méthode suggestopédique, malgré le grand volume de matériel présenté durant les leçons, n'affecte pas le système cardio-vasculaire des étudiants. »

Toute une série de recherches est rapportée dans *Souguestologuia* sur l'assimilation des stimuli lumineux, sur l'amplitude des potentiels évoqués sur l'état cérébral des étudiants durant leur sommeil, la nuit qui suit les cours.

« Malgré le rythme rapide du travail et le grand volume de matériel donné à apprendre, les changements dans le système nerveux supérieur, le système cardio-vasculaire, la sensibilité électrique oculaire, les capacités de travail et autres fonctions sont exprimés d'une façon minime. » La méthode suggestopédique, d'après l'ensemble des résultats obtenus, est sans danger pour la santé physique et mentale des étudiants. Elle peut même être bénéfique.

B. Pratique et résultats dans l'enseignement aux enfants

L'enfant va trouver son maître d'école et lui dit :
— Je veux que tu m'apprennes TOUT, aujourd'hui, tout de suite, vite !
Et le maître d'école :
— Eh ! doucement ! que vais-je devenir moi, sans plus rien à faire durant toutes ces années qui me restent à vivre, si je t'enseigne TOUT, aujourd'hui !

L'école 122, rue Cristo-Karpatchev, Sofia

15 octobre 1977, 8 h 30 du matin, la classe de première année, qui comprend une vingtaine d'enfants de sept ans, commence la journée par une courte chanson.

L'institutrice sourit tandis qu'elle parle aux enfants. Son ton de voix est très modulé, très émotif, et par moments on a l'impression qu'elle chante. La séance de lecture commence.

Un mois après la rentrée, ces enfants lisent couramment, avec les mêmes intonations riches de sens que l'institutrice quand elle parle. L'histoire ensuite est jouée par quelques enfants aidés dans leurs hésitations et comme portés dans leur jeu par le reste de la classe très attentive, et critique.

Puis l'institutrice prend un ballon et des murmures satisfaits parcourent les rangs. Il s'agit de faire des additions. Toutes les mains se tendent pour attraper le ballon et répondre aux demandes de solution toujours faites avec ce même ton modulé. Lorsqu'un enfant a l'air de chercher la réponse, l'attente est impatiente chez les autres qui applaudissent lorsque enfin elle arrive.

Les exercices de calcul, additions et soustractions à un

chiffre, puis à deux, se succèdent rapidement avec l'aide du ballon, de fleurs, d'images d'animaux, d'avions au tableau magnétique. Les activités sont diverses, comprenant des chansons qui permettent aux enfants de bouger en mimant, ou des jeux à caractère compétitif qui les font courir au tableau avec enthousiasme. Un petit travail écrit et individuel devant servir de test termine la leçon d'une durée totale de quarante minutes.

C'est dans cette école 122 à Sofia que les premières classes suggestopédiques expérimentales ont été organisées en 1972-1973, pour les élèves de première année, âgés de six et sept ans. Le programme scolaire officiel de deux années complètes est terminé à la fin de janvier de cette première année. Et après les congés habituels de février, les enfants apprennent une langue étrangère, le russe ou l'anglais le plus souvent, et approfondissent leur acquis dans les autres matières.

L'enseignement comprend l'apprentissage de la lecture, de l'écriture, du calcul, du chant, de la géographie, du dessin, de la gymnastique, des travaux manuels et de la géométrie. Il faut ajouter que les enfants viennent en classe par demi-journées, n'ont pas de devoirs à faire à la maison, ne reçoivent ni notes ni classement.

Le ministère de l'Éducation bulgare a pris la décision, à la suite des résultats obtenus, d'introduire la méthode suggestopédique d'enseignement dans toutes les écoles du pays, ce qui ne peut se faire que progressivement et soulève de nombreux problèmes d'organisation et surtout de formation des enseignants.

G. Lozanov montre un attachement particulier à ce développement de la méthode suggestopédique dans les écoles, car elle satisfait chez les enfants leur soif naturelle de connaissance quand ils arrivent en classe, en leur apportant dès le début d'importantes quantités d'informations. De plus, elle sait maintenir leur motivation et leur curiosité au plus haut niveau par l'intérêt suscité et le plaisir vécu.

Les résultats sont particulièrement satisfaisants comme nous allons voir. Ils peuvent s'expliquer par le fait que les enfants n'ont pas encore eu le temps de trop subir la forte pression suggestive qui normalise et limite les capacités. Avec eux, le processus de dé-suggestion/suggestion se trouve simplifié.

L'apprentissage de la lecture

La méthodologie

La mise en place de l'enseignement suggestopédique est minutieusement organisée afin que tous les principes de base — les mêmes que pour l'enseignement des langues aux adultes — puissent s'exercer dans toute leur efficacité.

Des instructions précises ont été établies au sujet de la formation des enseignants, sur la mise au point des accessoires pédagogiques, depuis les panneaux de dessins jusqu'à l'élaboration des spectacles didactiques, sur la coopération souhaitable des parents afin qu'ils renforcent par leur attitude concordante le déroulement satisfaisant du processus éducatif.

L'apprentissage de la lecture comprend plusieurs étapes :

— Le premier jour de classe, des panneaux comportant chacun un dessin coloré et un mot correspondant sont accrochés aux murs de la classe. Dans chaque dessin se trouve artistiquement incorporée la première lettre du mot inscrit sur le panneau correspondant. L'instituteur n'attire pas l'attention des enfants sur l'ensemble ainsi exposé qui est suffisamment joli pour avoir l'air de provenir d'un désir de décoration du lieu.

— Après deux jours, les panneaux sont retirés des murs et montrés aux enfants dans le désordre des images et des mots. On les fait s'amuser à retrouver le mot qui correspond à chaque dessin.

— La seconde moitié de l'ensemble des panneaux préparés est accrochée aux murs et traitée de la même façon que la première. Les enfants auront ainsi reçu en perception périphérique l'ensemble des lettres de l'alphabet.

— Les enfants reçoivent des petits livres dans lesquels ils retrouvent tous les dessins et tous les mots de tous les panneaux dans le désordre. Ils devront faire les mêmes rapprochements de chaque mot avec son dessin respectif. Dans d'autres livrets qui leur sont ensuite distribués, ils retrouvent seulement les silhouettes des dessins et des mots et s'amusent à les colorier.

— Tous les mots des panneaux sont présentés séparément et donnés à lire rapidement à la classe entière ou à chaque enfant, grâce à un système de projection de diapositives spécialement préparées.

— Les mots sont alors combinés à des phrases courtes et chacune de ces phrases contient un mot nouveau. Les enfants ne lisent toujours que le mot entier ou la phrase entière, car la lecture par syllabes n'est pas acceptée. Des jeux sont organisés pour faire lire de plus en plus rapidement.

— Les enfants assistent ensuite à un spectacle artistique didactique. L'intrigue est élaborée de manière à susciter leur curiosité et amener leur participation. C'est en arrivant à lire des mots nouveaux, ici encore, que les petits élèves vont découvrir petit à petit la solution de l'énigme.

— Des poèmes appris par cœur précédemment sont lus en chœur ou individuellement. Les enfants ne marquent aucun temps d'arrêt sur les mots nouveaux à la lecture, tout est lu à la même vitesse avec toute l'attention portée sur le sens.

Toute cette première étape, comme elle vient d'être résumée, doit se réaliser en une dizaine de jours de classe. Ensuite sont introduites de nouvelles phrases pour lecture, toujours composées de manière à susciter des émotions agréables chez l'enfant, et contenant encore de nouveaux mots. L'instituteur veille à faire alterner les lectures rapides en chœur, les lectures individuelles et les jeux.

Puis les enfants reçoivent des petits livres spécialement composés de courts textes agréables, rythmés et lus graduellement de plus en plus rapidement.

Le but précis de l'enseignement à cette étape est de faire accélérer la vitesse de la lecture, et d'éviter le découpage en syllabes. Aucun texte n'est lu plus de deux fois afin d'éviter la mémorisation.

Les livres d'édition courante peuvent alors être distribués aux enfants et ils en lisent un grand nombre. L'instituteur veille à ce qu'ils ne s'attardent sur aucun d'eux et leur offre la plus grande diversité possible de matériel afin qu'il n'y ait pas d'activité à caractère répétitif.

Par certains aspects, le processus suggestopédique d'enseignement de la lecture peut paraître ressembler à la fameuse méthode globale. Or, elle en diffère beaucoup, et possède ses caractéristiques bien déterminées.

Ainsi dans le système suggestopédique, les éléments de lecture sont toujours présentés d'une manière artistique. De plus, les enfants sont menés très rapidement d'un texte à l'autre, sans avoir le temps de s'appesantir sur aucun.

Également, les lettres qui composent les mots et les phrases sont apprises sans effort et sans action directe de l'instituteur, par les panneaux des premiers jours. Enfin, la lecture par le groupe entier sur un ton mélodique et d'un tempo accéléré, avec l'accompagnement modulé de la voix de l'enseignant selon les nécessités de soutien du moment, est d'une nature suggestopédique.

Les résultats obtenus, d'ailleurs très supérieurs à ceux des autres méthodes, prouvent que le système suggestopédique a des caractéristiques bien spécifiques.

Les résultats

Les premières mesures de l'efficacité de la méthode suggestopédique pour l'apprentissage de la lecture aux enfants datent de l'année scolaire 1972-1973, durant laquelle on put comparer deux classes expérimentales de l'école n° 122 à deux classes de l'école n° 139 qui, recevant l'enseignement traditionnel, servaient de contrôle [1].

Les enfants de première année, dans ces deux écoles, passèrent des tests afin qu'il puisse être déterminé dans quelle mesure certains connaissaient déjà leurs lettres ou pas, savaient épeler ou reconnaître des syllabes. Dans les classes suggestopédiques expérimentales, les écoliers furent répartis selon leur niveau de base en lecture et il se trouva ainsi une classe entière dans laquelle aucun enfant ne savait lire plus ou moins comme il arrive souvent. Dans les classes de contrôle, on conserva la répartition naturelle habituelle. Tous les enfants de toutes les classes examinées provenaient du même milieu social.

Sur soixante et onze enfants répartis dans les classes expérimentales, une proportion de 11,47 p. cent lisait encore mot à mot en fin d'année et 88,53 p. cent lisait cou-

1. G. Lozanov, « Suggestology in primary schools, III. Effectiveness of the suggestopaedic teaching of reading in the first form », in *Suggestology and Suggestopaedia*, n° 2, 1975, p. 6 à 11.

ramment. Dans les classes de contrôle, 38,30 p. cent des quarante-huit enfants lisaient mot à mot en fin d'année et 61,70 p. cent lisaient couramment. (Tableau I en annexe, p. 242.)

Ces résultats, comme on voit, sont largement en faveur des classes expérimentales suggestopédiques ($p < 0,001$). La classe expérimentale dans laquelle aucun enfant ne savait lire en début d'année obtint une moyenne de lecture courante de 81,82 p. cent.

Les résultats obtenus en fin d'année par les enfants qui avaient le moins de connaissances dans les classes expérimentales et de contrôle en début d'année furent également comparés. Et dans les classes expérimentales 75 p. cent des enfants lisaient couramment, alors que le pourcentage atteignait seulement 45 p. cent dans les classes de contrôle. Ici encore, les enfants des classes suggestopédiques sont nettement avantagés et les résultats obtenus sont statistiquement significatifs ($p < 0,05$). (Tableau II en annexe, p. 243.)

Afin de répondre à l'objection selon laquelle les enfants des cours suggestopédiques, s'ils lisent mieux, ne comprennent pas le sens de ce qu'ils lisent, on établit un test de compréhension de lecture que l'on fit passer aux classes de contrôle et à la classe expérimentale ayant obtenu les moins bons résultats.

Il fut possible de mesurer, grâce à ce test, la possibilité acquise par les enfants de reformulation complète d'une histoire venant d'être lue par eux (66,67 p. cent dans les classes expérimentales, 50 p. cent dans les classes de contrôle). Les enfants des classes expérimentales prouvèrent leur compréhension du contenu d'après la redite de l'histoire dans ses grandes lignes seulement, dans une proportion de 33,33 p. cent. Pour la même performance, le pourcentage fut de 50 p. cent dans les classes de contrôle.

Quant à la vitesse de lecture moyenne calculée en

secondes, elle fut de 31"/37" dans les classes expérimentales et de 36"/41" dans les classes de contrôle. (Tableau III en annexe, p. 243.)

Les enfants des classes expérimentales suggestopédiques lisent donc en moyenne plus vite que ceux des classes de contrôle et avec une meilleure compréhension et une reformulation plus complète de leur lecture.

L'apprentissage de l'écriture

Il convient ici également de veiller à introduire les unités didactiques dans leur globalité. Voici le plan schématique d'une leçon d'écriture.

— L'instituteur écrit au tableau une phrase courte, pleine de sens et chargée d'affectivité. Il en analyse brièvement le contenu et la structure, en expliquant les mots, lettres et majuscules.

— Les élèves écrivent la phrase entière dans leur cahier. L'instituteur vérifie le travail individuel des enfants et fait récrire ce qui a été mal fait, mais seulement une fois. Puis, il leur fait une autre dictée des mêmes mots dans une phrase différente.

— Graduellement, les élèves écrivent des phrases de plus en plus compliquées.

Il est bien recommandé aux enseignants de toujours veiller à ce que les leçons d'écriture ne soient pas fastidieuses. Pour ce faire, il convient de choisir des textes agréables à copier, et de faire travailler avec un accompagnement musical, le plus souvent possible.

L'apprentissage du calcul

La méthodologie

L'apprentissage du calcul ne peut se faire qu'en coordination avec d'autres activités. Car il importe avant tout que les enfants voient l'intérêt d'un tel apprentissage et ses applications pratiques.

Le cours de gymnastique, par exemple, peut constituer une occasion plaisante et pas trop voyante d'initier les enfants. Ils peuvent se compter, se retirer d'un groupe, s'y remettre, à la faveur des jeux divers.

Le cours complet de calcul dans les classes suggestopédiques expérimentales couvre tout le programme officiel des première et deuxième années et une partie de celui de troisième année. Chaque thème mathématique est étudié en quatre étapes.

— Les acteurs du théâtre didactique préparent un spectacle en incluant le thème à enseigner dans l'argument même de la représentation qui peut se présenter sous forme de petites scènes, d'opéra ou de récital. Le sujet traité doit être passionnant pour les enfants, qui ne doivent pas sentir l'intention didactique sous-jacente.

Les exemples mathématiques doivent arriver au moment du spectacle où l'attention des enfants est très grande, absorbée par le dénouement de l'argument. L'ensemble est composé de manière à amener la participation enthousiaste et créatrice des élèves.

— Des panneaux sont ensuite accrochés aux murs de la salle de classe, portant description des problèmes essentiels traités. Mais comme dans l'apprentissage de la lecture, ils apparaissent comme des éléments décoratifs de la classe et personne n'attire l'attention des enfants sur ce qu'ils représentent. Ici encore, sont utilisées les possibilités de la perception périphérique qui renforce l'apprentissage central, sans perte d'énergie ni de temps.

— La deuxième étape est constituée par le récit que font les enfants de la pièce qu'ils viennent de voir. En la rejouant, ils sont amenés à reproduire les éléments mathématiques enseignés puisque ceux-ci servent à dévoiler l'intrigue.

Puis, l'instituteur enseigne aux enfants une chanson ou un poème contenant une variante de l'exemple mathématique donné dans le spectacle.

— Les enfants approfondissent maintenant leurs connaissances en cherchant des solutions à des tâches créatrices, et toujours ressenties comme agréables et intéressantes.

Des tests de contrôle sont passés périodiquement et c'est seulement lorsque l'assimilation du matériel arrive à une moyenne de 70/75 p. cent que l'instituteur abordera le thème suivant.

G. Lozanov insiste bien pour que les parents, dans la mesure du possible, essaient de faire appliquer dans la pratique les notions acquises en classe par leur enfant. Ils peuvent par exemple l'envoyer faire de petits achats et demander le compte strict de la monnaie rendue. Mais ils ne doivent pas faire sentir à l'enfant que c'est une façon de contrôler ses connaissances nouvellement acquises.

Aussi, afin de stimuler une motivation positive vis-à-vis des mathématiques chez les écoliers, il est recommandé de les emmener faire des visites dans des endroits qui les intéresseront et où ils pourront constater eux-mêmes l'utilité de ce qu'ils vont apprendre. Ces visites doivent avoir lieu dès le début de l'année scolaire.

Les résultats

Durant l'année 1972/1973, les enfants des classes expérimentales suggestopédiques de première année apprirent tout le programme de calcul de première année et une bonne partie de celui de seconde année [1].

Une commission d'experts réunie par le directeur de l'école nº 122, où se déroulait l'expérience, reconnut en mars 1973 la bonne qualité d'assimilation des enfants. Cette commission avait établi toute une série de problèmes à résoudre par les enfants, qui le furent à 78 p. cent. A la fin de l'année scolaire, ces mêmes enfants étaient capables, dans la proportion de 64 p. cent, de résoudre également les problèmes portant sur le programme de deuxième année.

Avant et après les vacances d'hiver de cette même année, on fit passer des tests aux classes expérimentales et de contrôle, pour comparer la durabilité de leurs acquisitions. Il s'agissait de faire faire aux enfants des additions et des soustractions jusqu'à vingt avec décimales. Rappelons qu'il s'agit de classes de première année.

On a pu constater à la suite de cette expérience que les enfants des classes expérimentales résolvaient les problèmes dans la même proportion avant et après le congé d'hiver, à 72 p. cent. Il ne se produisait donc chez eux aucun phénomène d'oubli.

Pour les enfants des classes de contrôle, les résultats furent bien différents. En effet, les problèmes qu'ils pouvaient résoudre à 65 p. cent avant les congés d'hiver, ne l'étaient plus qu'à 36 p. cent après ces mêmes congés ($p < 0,001$).

---

1. G. Lozanov, « Suggestology in primary schools, IV. Effectiveness of the suggestopaedic teaching of mathematics in the first form », in *Suggestology and Suggestopaedia,* nº 2, 1975, p. 11 à 13.

Les contrôles continuèrent durant l'année scolaire 1973/1974. Il fut calculé quel pourcentage d'élèves dans les classes expérimentales et de contrôle pouvaient résoudre les problèmes de tout le programme de première année, puis les problèmes de tout le programme de deuxième année.

Les résultats présentés en tableau en annexe, p. 244, montrent que dès janvier 1974, les enfants des classes expérimentales suggestopédiques pouvaient résoudre les problèmes du programme de l'année entière, dans une proportion de 86,64 p. cent, alors qu'en mai, les enfants des classes de contrôle les résolvaient seulement à 63,18 p. cent ($p < 0{,}001$).

Quant au programme de seconde année, les enfants des classes expérimentales pouvaient en résoudre les problèmes à 77,39 p. cent et ceux des classes de contrôle à 5,28 p. cent ($p < 0{,}001$).

Toutes les autres expériences faites depuis dans d'autres écoles de Sofia comme dans d'autres villes et villages de Bulgarie confirment ces résultats. G. Lozanov pense qu'ils sont significatifs non seulement par le volume des acquisitions mais aussi par la durabilité de l'assimilation du matériel et le caractère créateur du travail obtenu.

Mais plus important encore est le fait que les enfants ont découvert avec plaisir le monde mathématique. Ils restent motivés pour continuer, ce qui constitue un avantage important pour le développement futur de leur apprentissage dans ce domaine.

L'enseignement suggestopédique et la santé des enfants

Comme pour les étudiants adultes des cours suggestopédiques de langues étrangères, de nombreuses recherches se sont poursuivies pour voir si cette forme d'enseignement intensif pouvait avoir une répercussion sur le développement et la santé des enfants. Les mesures commencèrent dès la mise en place des premières expériences à l'école n° 122 en 1972/1973.

Mais les recherches de l'année 1973/1974 de G. Lozanov et P. Balevski portèrent sur un plus grand nombre d'enfants que l'année précédente, et sur deux années scolaires, la première et la deuxième, correspondant en France aux classes préparatoire et élémentaire. Les classes de l'école n° 139 servirent de contrôle et on mesura le développement physique, l'état de santé et les capacités de travail des enfants [1].

Les chiffres obtenus à partir des mesures de la taille des enfants au début et à la fin de l'année montrèrent qu'ils avaient tous grandi normalement et dans les mêmes proportions dans les deux écoles. (Voir tableau A en annexe, p. 244.)

Ces mêmes enfants furent aussi pesés en début et fin d'année et on observa alors quelques petites différences entre ceux des classes expérimentales et ceux des classes de contrôle. (Voir tableau B en annexe p. 245.)

On a pu en effet constater que les enfants des classes expérimentales avaient pris du poids dans la proportion moyenne de un kilo deux cents pour ceux de première année, et de deux kilos pour ceux de deuxième année. Dans les classes de contrôle, les enfants ont moins grossi puisqu'ils ont pris en moyenne un kilo en première année et huit cents grammes en deuxième année.

Des mesures du développement de la capacité pulmonaire des enfants ont également été effectuées. L'augmen-

1. G. Lozanov et P. Balevski, « The effect of the suggestopaedic system of instruction on the physical development, state of health and working capacity of first and second grade pupils », in *Suggestology and Suggestopaedia,* n° 3, 1975, p. 24-32.

tation en fin d'année scolaire par rapport au début fut à peu près égale dans les classes expérimentales et de contrôle (221 cm3 et 249 cm3). Dans les classes de contrôle, l'augmentation fut enregistrée chez 90,7 p. cent des enfants de première année et 68 p. cent de ceux de deuxième année. (Voir tableau C en annexe p. 245.)

On peut constater que cette augmentation est moins marquée la deuxième année que la première et notamment dans les classes de contrôle. Les enfants des classes expérimentales ayant augmenté leur capacité pulmonaire chez 80,9 p. cent d'entre eux la première année et 75 p. cent d'entre eux la deuxième.

L'enseignement suggestopédique ne semble donc pas avoir d'influence négative sur le développement physique des enfants. Afin d'avoir des indications sur leur forme physique également, leurs résultats sportifs furent pris en considération et notamment leurs différences de performance en début et fin d'année dans la course de cinquante mètres, le saut sans élan et le lancer de la balle. (Voir tableaux D, E, F en annexe p. 246 et 247.)

Pour la course aux cinquante mètres, les résultats montrent que dans les classes expérimentales, 88,7 p. cent des enfants ont amélioré leur vitesse de course, mais de 0,7 seconde seulement, alors que dans les classes de contrôle, la vitesse s'est améliorée de 0,9 seconde mais pour 71,4 p. cent des enfants (vitesse variant de 11,3 secondes aux cinquante mètres à 10,6 et 10,4).

Dans les classes expérimentales, seulement 7,6 p. cent des enfants ont vu leurs performances diminuer à la fin de l'année. Dans les classes de contrôle ce phénomène s'est produit dans une proportion de 21,4 p. cent.

Quand on examine les performances du saut sans élan, on constate que les enfants sautèrent en moyenne de 93,3 cm à 101,1 cm en début d'année à 116,9 à 122,7 cm en fin d'année pour les classes de première année. Pour les enfants plus vieux d'un an, les performances allèrent de 115,1 cm à 114,1 cm en début d'année à 134,1 cm et 136,7 cm en fin d'année.

Les résultats chiffrés portés sur le tableau E (en annexe p. 246) montrent que les classes expérimentales de première année ont un peu plus amélioré leurs performances que les classes de contrôle et dans une plus grande proportion (92,2 p. cent et 85,7 p. cent). Mais ce phénomène est inversé dans les classes de seconde année (77,9 p. cent et 100 p. cent).

Au lancer de balle (tableau F en annexe p. 247), les enfants ont augmenté leurs performances de un à quatre mètres. Le pourcentage d'amélioration a été plus élevé dans les classes de contrôle (82 et 85,7 p. cent) que dans les classes expérimentales (67,6 et 76,9 p. cent) pour des distances variant de 9,06 m et 6,77 m en début d'année à 10,99 et 10,77 m en fin d'année chez les enfants de première année. Les enfants de deuxième année lancèrent de 11,13 m et 10,01 m à 14,76 et 13,22 m.

Les enfants furent également soumis à une épreuve de classification établie d'après les recherches de J. Piaget, visant à déterminer leur niveau de développement cognitif aux époques considérées de début et fin d'année scolaire. (Voir tableau G en annexe p. 247.)

Le pourcentage de réponses correctes à cette épreuve est en rapport avec l'âge des enfants fluctuant de 27 à 36,4 p. cent en début d'année et de 32,7 à 40 p. cent en fin d'année. Aucune différence significative n'a pu être établie entre les classes expérimentales et de contrôle.

Afin d'essayer de mesurer la fatigue éventuelle des enfants, des tests de pointage furent effectués, en début et fin de journée, avant et après des leçons de calcul, avant et après des leçons de bulgare comprenant lecture, écriture, et grammaire. (Tableaux H et I en annexe p. 248.)

Dans les classes de contrôle comme dans les classes expérimentales, on a pu constater une augmentation du nombre des lettres cochées à la fin de la journée dans les classes de première année. Cette augmentation s'accompagne d'ailleurs également d'une augmentation légère du pourcentage des erreurs (de 3,05 à 4,48 p. cent, et de 3,25 à 4,24 p. cent), comme porté sur le tableau H p. 248.

En deuxième année, le tableau montre bien des résultats différents par rapport à ceux obtenus en première année. Pour les enfants d'un an plus âgés en effet, la vitesse reste la même en début et fin d'année chez ceux des classes expérimentales tandis qu'elle diminue dans les classes de contrôle. Il faut noter également l'augmentation du nombre des erreurs dans les deux groupes, de 3,32 à 4,26 p. cent dans les classes de contrôle, et de 3,04 à 4,61 p. cent dans les classes expérimentales.

Il est intéressant de constater que l'augmentation des lettres cochées en fin de journée se produisit dans le travail de 51 p. cent des élèves des classes expérimentales et de 42,1 p. cent des élèves des classes de contrôle. Quant à l'augmentation des erreurs, elle fut constatée chez 55,8 p. cent des élèves des classes expérimentales et 54,2 p. cent des élèves des classes de contrôle.

Les résultats obtenus aux tests de pointage intervenus avant et après les leçons de calcul montrent que les enfants n'étaient pas fatigués car la vitesse de travail et la précision s'améliorent, spécialement dans les classes expérimentales. (Voir tableau I en annexe p. 248.)

Quant aux leçons de bulgare, elles ont été plus pénibles, surtout dans les groupes de contrôle dont la vitesse et la précision diminuent pour l'accomplissement de la tâche demandée.

On pensa aussi, toujours dans le cadre de la même expérience, à vérifier le nombre des absences[1] sur l'année de tous ces enfants, ce qui peut constituer un indice parmi les autres, sur leur état de santé. (Tableau J en annexe p. 249.)

D'après les nombres obtenus, on peut constater que 72 p. cent des élèves des classes expérimentales ne se sont pas absentés du tout durant l'année, ce qui est arrivé seulement à 36,6 p. cent des élèves des classes de contrôle ($p < 0,001$). Et chez ces derniers, il y eut trois fois plus d'enfants que dans les classes expérimentales à s'être absentés plus de vingt fois ($p < 0,01$).

La conclusion principale pouvant être tirée de l'ensemble de ces résultats est que « malgré le rythme intensif de travail et le volume beaucoup plus important de matériel enseigné durant l'année scolaire, les enfants des groupes expérimentaux ne se trouvaient en rien retardés dans leur développement par rapport aux groupes de contrôle ».

On peut donc considérer que l'enseignement suggestopédique aux enfants ne comporte pas de risque, tout comme lorsqu'il est dispensé à d'autres groupes d'âges.

Une expérience d'enseignement suggestopédique à une classe de dixième année [2]

Durant l'année scolaire 1970/1971, une classe entière d'élèves de dixième (classe correspondant à une première en France) vint à l'Institut pour y recevoir l'enseignement suggestopédique dans toutes les matières du programme et durant toute l'année.

---

1. (Voir note 1, p. 169.)
2. G. Lozanov, « The suggestopaedic education and instruction in all subjects in the tenth form of the general educational schools », in *Problems of Suggestology*, p. 270-277.

Cette classe fut composée de trente élèves, dont deux tiers de jeunes filles, choisis dans différentes écoles de Sofia de manière à être représentative de la population scolaire de la capitale bulgare, tant par la composition, le milieu social que le niveau scolaire.

Les cours n'avaient lieu que le matin à raison de quatre leçons par jour, ce qui les chargeait beaucoup puisque le programme officiel pour cette classe devait être étudié entièrement.

L'année scolaire elle-même fut aussi réduite de deux mois et commencée à la mi-octobre, elle se termina mi-mai. Mais en fait, la durée totale de l'enseignement dépendait des élèves eux-mêmes et était réglée sur leur rythme d'apprentissage des matières prévues. En effet, c'était le pourcentage de réussite aux tests de connaissance qui déterminait le passage à une autre matière du programme.

Car les différentes matières étaient étudiées globalement l'une après l'autre, une révision générale étant prévue en fin d'année. On conserva les manuels d'étude habituels en ajoutant seulement quelques documents supplémentaires.

Les résultats de fin d'année dans les matières principales ont été comparés à ceux d'une classe de contrôle recevant l'enseignement habituel. En sachant qu'en Bulgarie, les notes varient de zéro à six, on peut constater en consultant le tableau des résultats porté en annexe p. 249 que dans toutes les matières, la classe suggestopédique a obtenu des notes moyennes supérieures à celles de la classe de contrôle.

Du point de vue des absences, il en a été décompté dix-huit cent quatre-vingt-neuf sur l'année dans la classe de contrôle et seulement deux cent soixante-sept dans la classe suggestopédique.

3.

LA SUGGESTOPÉDIE DANS LE MONDE

« God has all time before him and does not need to be always in a hurry. He is sure of his aim and success and cares not if he break his work a hundred times to bring it nearer perfection. »

SRI AUROBINDO [1]

Le 6 octobre 1976, le personnel et les observateurs étrangers fêtaient tous ensemble le dixième anniversaire de la fondation de l'Institut de Suggestologie.

Dans la pièce où se déroulaient les festivités d'usage, se trouvait une grande carte du monde, établie pour la circonstance, et qui montrait, par des lignes fléchées partant de la capitale bulgare, les endroits à l'étranger où la méthode suggestopédique avait déjà été expérimentée.

Ainsi, en URSS, étaient indiquées les villes de Moscou, Leningrad, Kiev; Komsk, Karkhov, Tbilissi ; en RDA, les villes de Berlin et Leipzig ; en Autriche, Vienne ; en Hon-

1. In *Thoughts and Glimpses,* p. 26.

grie, Budapest et Pech. Aux USA, les flèches s'arrêtaient sur les États du Texas, de l'Iowa, de Colombia, d'Hawaii, les villes de Los Angeles, de Washington ; au Canada, Ottawa, Toronto, Montréal. Une ligne en pointillés arrivait à Cuba où le début des expériences était proche.

Ce large intérêt pour la méthode suggestopédique « vient de son efficacité surprenante et de sa simplicité apparente », dit G. Lozanov. Dieu ayant tout le temps devant lui n'a pas besoin de constamment se dépêcher. Il est certain du but, du succès, et s'en moque s'il défait cent fois son travail pour l'amener plus près de la perfection. Et justement, cette simplicité apparente constitue le pire danger pour la Suggestopédie qui peut être caricaturée aisément, réduite à des jeux dans la classe, à des chaises longues avec diffusion de musique. Dans ces cas, les résultats médiocres amènent la disparition rapide de ces expériences dites suggestopédiques.

Aussi, il a été reconnu qu'il ne convient pas de combiner le système suggestopédique à d'autres formes d'enseignement, car la Suggestopédie est établie sur des principes donnés, étroitement unis entre eux, et réalisés dans une unité indivisible avec les moyens suggestopédiques, les moyens devant bien être différenciés des principes (cf. *infra*).

Et le savant bulgare insiste : « Chaque système a ses propres mérites dans le cadre de ses principes, buts et tâches propres. Une combinaison phénoménologique et mécanique ne prenant pas en considération les principes suggestologiques, les tâches spécifiques de la Suggestopédie conduisent à une diminution de son efficacité et à la fatigue des étudiants. »

On peut désirer changer les morceaux de musique sélectionnés pour les séances de concert, pour tenir compte par exemple de données culturelles différentes par rapport à la Bulgarie. Or, tout changement éventuel doit faire l'objet d'une étude approfondie pour ne pas risquer de choisir une musique n'ayant pas les mêmes avantages que celle choisie initialement, qui a été testée dans les laboratoires de l'Institut et sélectionnée en fonction de son efficacité optimale.

D'autre part, une étude superficielle du processus d'enseignement, et une compréhension hâtive des moyens suggestopédiques à mettre en place peuvent amener des enseignants à considérer la classe suggestopédique comme un endroit où organiser des jeux ou des sketches essentiellement et à les voir alors comme un moyen en soi. En réalité, ils ne constituent qu'un élément des leçons, soigneusement dosé par l'enseignant qui reste l'organisateur rigoureux du cours.

En Suggestopédie, le professeur doit jouir d'un grand prestige. Mais il faut bien comprendre qu'il ne s'agit pas de vouloir faire pression sur les étudiants, ou leur imposer une conduite quelconque. Par son authentique capacité à faire partager son expérience et son savoir, le professeur sait créer les conditions d'un déblocage émotionnel, qui favorise l'apprentissage.

G. Lozanov insiste bien aussi sur l'importance qu'il y a à respecter le rituel suggestopédique tel qu'il a été établi en ce qui concerne la structure et l'organisation du processus d'enseignement. L'observation de ce rituel favorise la confiance et la détente des étudiants dans une proportion importante et participe ainsi à l'obtention de résultats élevés.

En 1986, les tentatives suggestopédiques se sont multipliées, avec des succès divers et sous des formes quelquefois surprenantes...

Nous ne pouvons être exhaustifs, mais les exemples dans les pages qui suivent peuvent donner une idée de la véritable fascination qu'exerce la Suggestopédie sur le monde pédagogique.

RDA et URSS, les premières adaptations étrangères

RDA, le Centre mnémonique de Leipzig

Ce Centre fait partie de l'université Karl-Marx et expérimente la méthode suggestopédique depuis 1968.

Afin de pouvoir faire des comparaisons avec leurs autres systèmes d'enseignement en cours dans le pays, les chercheurs du Centre ont établi un cours comprenant trois mille unités lexicales durant six semaines, à raison de quatre heures par jour. Les étudiants, libérés de leur travail durant cette période, ont des devoirs à faire chez eux. De plus, les manuels sont entièrement écrits par les professeurs du Centre, qui n'utilisent pas ceux de Sofia.

Un médecin est attaché au Centre qui mesure notamment les effets de la musique. Notons aussi qu'il est proposé aux stagiaires diverses activités sportives durant les pauses.

Le Centre publie régulièrement une petite revue relatant ses recherches.

URSS, l'Institut Maurice-Thorez de Moscou

Dès 1969, un accord de coopération mutuelle permettait à des enseignants soviétiques de venir se former à Sofia. En juin de la même année, le premier cours était organisé à Moscou devant une commission de spécialistes de l'Institut [1].

Le résultat de ce premier cours de français mena à l'organisation d'autres expériences plus importantes en 1970 et 1971, notamment avec des étudiants linguistes.

---

1. G. A. Kitaygorodskaya, « The suggestopaedic system of instruction and suggestopaedic courses », in *Suggestology and Suggestopaedia,* n° 1, 1975, p. 22-25.

Le succès des cours suggestopédiques dans cet Institut semble ne s'être jamais démenti depuis des années. On rapporte qu'il faut attendre de longs mois pour bénéficier du cours, et obtenir de suivre un cours constitue un privilège. Notons que cette situation est particulièrement favorable pour augmenter l'apprentissage le moment venu, la disposition mentale inconsciente ayant eu le temps de bien s'organiser chez les futurs élèves.

De plus, pour pouvoir s'inscrire, il faut avoir suivi des études supérieures. Cette obligation donne aux résultats obtenus — forcément plus élevés que la moyenne habituelle — une valeur toute relative pour nos esprits d'Europe occidentale.

URSS, l'Institut pédagogique V. I. Lénine de Moscou

N.L. Smirnova rend compte des diverses expériences d'enseignement suggestopédique qui ont eu lieu à cet institut de 1971 à 1973 « dans le but d'étudier les possibilités d'intensifier l'enseignement des langues étrangères [1] ».

Parmi les nombreuses analyses faites sur les résultats obtenus avec plusieurs groupes suggestopédiques et de contrôle, on peut citer celle portant sur le volume de mémorisation de ces groupes durant le premier cours de vingt et un jours, pour enseigner l'anglais et le français.

Ainsi, pour l'enseignement de l'anglais, le groupe expérimental mémorisait mille six cents unités lexicales et le groupe de contrôle cinq cent soixante-dix. Pour le groupe suggestopédique expérimental de français, la mémorisation s'éleva à mille sept cent quarante unités lexicales, et à

1. N.L. Smirnova, « Progress in experimental instruction in the course of suggestology at the V. I. Lenin Moscow State Pedagogical Institute », in *Suggestology and Suggestopaedia,* nº 3, 1975, p. 15 à 23.

quatre cent vingt pour le groupe de contrôle (mémorisation triplée en anglais en faveur du groupe suggestopédique, mémorisation quadruplée en français en faveur encore du groupe suggestopédique).

Au bout de ce mois d'enseignement, on a enregistré les conversations tenues par ces mêmes étudiants afin de constater la qualité de leur compétence orale. Les chercheurs soviétiques purent ainsi établir que les étudiants des groupes expérimentaux suggestopédiques avaient atteint un niveau plus élevé de connaissance du vocabulaire et que leurs habitudes orales étaient meilleures que ceux des groupes de contrôle.

La lecture de textes nouveaux ne présentait pas de difficultés pour la majorité des étudiants dans les groupes expérimentaux comme dans les groupes de contrôle. Mais pour ces derniers les textes donnés à lire contenaient moins de vocabulaire et la grammaire avait été simplifiée.

Les étudiants des groupes expérimentaux avaient une mauvaise orthographe. La dictée servant de mesure qui leur avait été faite était pour eux la première. Ce genre d'exercice n'avait pas été prévu dans le cours suggestopédique qu'ils venaient de suivre.

Mais la remarque la plus intéressante de toute cette recherche porta sur l'évaluation par les professeurs de la qualité de la production orale des étudiants. Il fut constaté en effet « que ce n'est pas toujours l'opinion subjective du professeur, ni même l'opinion collective d'un groupe de professeurs sur la qualité langagière des étudiants qui constitue une information objective [1].

En effet, durant l'une des vérifications par une commission d'enseignants de la production orale des étudiants, il fut estimé que ceux des groupes expérimentaux utilisaient un vocabulaire plus abondant, parlaient plus facilement et

1. N.L. Smirnova, même article p. 20.

d'une manière plus expressive que ceux des groupes de contrôle. Mais aussi leur conversation était perçue comme contenant des erreurs de syntaxe en plus grand nombre.

Or, l'analyse objective des enregistrements de ces mêmes conversations montra que les étudiants des groupes de contrôle avaient produit une plus grande densité de fautes. Mais comme ils parlaient beaucoup moins, le total de ces fautes était évidemment moins élevé que celui des étudiants des groupes expérimentaux.

On pourrait en conclure que l'oreille professorale entend les fautes par unités de temps, par exemple trois à la minute, plutôt qu'en proportion de la densité d'émission orale, par exemple trois toutes les cinq phrases.

En 1974, G. Lozanov annonçait au séminaire d'Ottawa que le département des langues étrangères de l'université V. I. Lénine n'utilisait plus désormais que la seule méthode suggestopédique pour son enseignement [1].

URSS, l'Institut médical de Kharkov

Après les succès obtenus à Moscou, un comité composé d'experts neurologues et psychothérapeutes organisa une expérience suggestopédique à Kharkov pour vérifier la constance des résultats et étudier plus avant les fondements théoriques de la science suggestologique. Car les expériences à Moscou étaient restées sur un plan purement pédagogique.

En 1970, eut donc lieu un cours suggestopédique expérimental pour enseigner le français à douze personnes de divers âges et professions. Le cours qui prévoyait une pré-

1. G. Lozanov, table ronde du séminaire du 6 septembre 1974, in *Une expérience d'enseignement avec la méthode suggestopédique*, p. 288.

sentation de deux mille unités lexicales dura vingt-six jours à raison de quatre heures de cours par jour.

Le comité réuni pour étudier et mesurer les résultats affirma que « les résultats observés sont impossibles à obtenir avec aucune autre méthode, même sur une plus longue durée et des journées entières de cours et des devoirs à faire à la maison [1] ».

De plus, le groupe d'experts médicaux ne trouva aucun cas de troubles nerveux, mais constata au contraire la bonne humeur et l'absence de fatigue de tous les étudiants.

En 1971, G. Lozanov soumet à l'Institut médical de Kharkov un très volumineux ouvrage intitulé : *Suggestologie et Suggestopédie.* Étudiée par V.N. Myasishtev et A.V. Petrovsky, entre autres personnalités éminentes, la thèse fut acceptée et reconnue comme d'une grande valeur scientifique [2].

USA, à formules diverses, succès divers

Washington

L'Institut de recherche sur l'Homme [3], ayant prévu une exploitation commerciale de la Suggestopédie aux États-Unis, envoya cinq professeurs se former à Sofia en 1975.

---

1. I.Z. Velvovsky, « The Bulgarian suggestopaedic method as a psychohygienopaedic method — a contribution to the psychohygiene of mental work in pedagogy », in *Problems of Suggestology,* p. 96.
2. I.Z. Velvovsky, « The ideas and method of G. Lozanov in the eyes of the psychotherapeutist-psychohygienist », in *Suggestology and Suggestopaedia,* nº 1, 1975, p. 18.
3. Manking Research Institute unlimited.

A leur retour, ceux-ci ne constituèrent pas un groupe de travail, mais se séparèrent pour retourner dans leurs villes respectives, sauf deux.

C'est sous la responsabilité de l'Institut d'apprentissage Lozanov [1], inc., que des expériences eurent lieu en 1976. Très « aménagées » par rapport au système suggestopédique, en esprit, durée et méthodologie, ces expériences ne purent rendre compte de résultats de nature suggestopédique.

A l'automne 1976, un incendie ravageait les installations de l'Institut — équipements, matériel, documents — situées dans l'immeuble du Watergate. Au début des années 80, le « Lozanov Institute, inc. » renaissait de ses cendres, installé dans un quartier périphérique de Washington.

Actuellement, ce Centre essaie toujours de vendre ses droits sur la méthode, tout en présentant divers projets comme de mettre l'enseignement suggestopédique sur machine informatique, ou créer une station thermale ou encore mettre sur le marché un appareil de diffusion de messages subliminaux avec écoute au choix par le cerveau droit ou le cerveau gauche...

La « gadgétisation » de la suggestopédie n'est pas le seul privilège du Centre de Washington. Par exemple à Des Moines, dans l'Iowa, devait se dérouler à l'automne 1982 une expérience qui consistait à faire écouter le concert en plongeant les élèves dans des cocons équipés d'appareils à remous et remplis d'eau de mer chauffée (projet rapporté à la Conférence Salt 1982, Colorado).

On peut comprendre facilement pourquoi la Suggestopédie ne jouit pas actuellement d'une très bonne réputation dans les milieux enseignants et universitaires de la côte Est des USA.

1. The Lozanov Learning Institute, inc.

La SALT dans l'État de l'Iowa

La Société pour l'apprentissage et l'enseignement suggestif accéléré [1] a pris la méthode suggestopédique comme point de départ de recherche et en étudie les adaptations possibles pour des nécessités précises, comme l'enseignement des mathématiques, la formation des instituteurs, etc.

Une lettre d'information périodique envoyée aux membres de la Société rend compte des conférences internationales organisées [chaque année depuis 1976], des expériences effectuées et du programme de recherche portant notamment sur l'étude de l'efficacité de chaque variable de l'enseignement comme l'atmosphère agréable, les représentations théâtrales, etc. [2].

De la lecture de ces lettres et d'une brochure décrivant les techniques de la classe [3], il ressort que le processus d'enseignement comprend une importante phase de relaxation musculaire et respiratoire. Cela n'est pas prévu dans le système suggestopédique depuis que les expériences ont prouvé que ce n'était pas utile.

De plus, dans la description d'une classe de mathématiques, les auteurs signalent, entre autres détails, que le professeur, à un moment, introduit des suggestions pour engager à faire des efforts. Ce genre d'intervention est en contradiction avec les principes suggestopédiques.

Du point de vue des résultats obtenus, les auteurs de la brochure annoncent une accélération de l'apprentissage dispensé par eux allant de 1 à 3, ce qui paraît intéressant.

---

1. Society for suggestive accelerative learning and teaching.
2. *Salt* Journal.
3. Donald H. Schuster, Ray Benitez-Bordon, Charles A. Gritton : *A Manual of classroom procedures based on the Lozanov method.*

Ils reconnaissent cependant être encore assez éloignés des résultats suggestopédiques bulgares, qui vont d'après eux de 1 à 5 et de 1 à 50.

Durant l'été 1983, une recherche a été effectuée pour voir si l'utilisation de fauteuils vibrants pouvait aider l'apprentissage et « il n'a pas pu être constaté que l'usage de ces fauteuils ne contribuait pas à l'apprentissage du vocabulaire anglais... (Traduction d'une lettre de septembre 1983 de Don Schuster, rédacteur en chef du Journal *Salt,* cf. Biblio.)

La même source relate une autre expérience en cours actuellement sur diverses sortes de musiques de fond. D. H. Schuster travaille aussi à l'élaboration de tests spécifiques pour mesurer l'apprentissage.

En Californie

Charles Schmitt, pourtant plein d'enthousiasme et de talent, a dû fermer son Institut (Language in New Dimensions). Il parcourt actuellement le monde de la Suède à l'Afrique du Sud avec une énergie inépuisable pour porter la bonne parole suggestopédique combinée à diverses techniques dont la programmation neuro-linguistique.

Des expériences individuelles se déroulent un peu partout pour l'enseignement aux enfants et aux adolescents. Ainsi, par exemple, Frances B. Ridley qui dirige une école élémentaire a motivé trois de ses institutrices pour organiser l'environnement d'une manière différente, en utilisant la relaxation, le rêve éveillé, les stimuli périphériques. Les résultats semblent avoir été gratifiants pour tous.

Hongrie, les premières expériences avec des adultes

Au MTESZ de Budapest

Au sein du MTESZ [1], Société des sciences naturelles et techniques, et organisme d'État, s'est formée en avril 1974 une commission, la TTT [2], ou Association scientifique d'information, pour adopter la méthode suggestopédique des langues étrangères en Hongrie, où les premières expériences avaient débuté en 1972-1973.

L'accord culturel fut signé en 1975 et la TTT organise maintenant régulièrement des cours suggestopédiques pour les entreprises, sociétés et toutes personnes désirant suivre les cours.

En février 1977, une trentaine de cours avaient eu lieu dans des locaux très agréablement aménagés et dotés d'un équipement moderne et complet avec salle de contrôle et circuit fermé de télévision.

Des cours d'anglais et d'allemand ont lieu et un cours de russe est en préparation. Mais un problème essentiel et non encore résolu de manière satisfaisante reste la formation des professeurs. Ceux-ci, encore trop peu expérimentés, manquent d'exemples de qualité comme partout.

Tous les efforts sont faits néanmoins pour favoriser les échanges avec l'Institut de Sofia et des professeurs bulgares viennent donner des cours complets à Budapest, auxquels assistent de nombreux observateurs.

Les résultats obtenus n'atteignent pas encore ceux de Sofia, mais s'améliorent progressivement [3]. Dans la bro-

---

1. Initiales de Müszaki ès Természettudományi Egyesületek Szövetsége.
2. Initiales de Tájékoztatási Tudományos Társaság.
3. M. Rabcsak, « Results of the first suggestopaedic foreign language courses in Hungary », *Suggestology and Suggestopaedia,* nº 3, 1975, p. 33 à 38.

chure de 1977, *Expériences et résultats des cours suggestopédiques*, le pourcentage moyen obtenu au test final est indiqué comme s'élevant à 86,5 [1].

L'université technique de Budapest [2]

Une grande et belle salle a été aménagée dans cette université pour l'enseignement suggestopédique. Mais après quelques cours d'anglais, en 1977, les professeurs ont dû se mettre à l'élaboration du manuel pour un deuxième cours et ont provisoirement arrêté d'enseigner... afin de ne pas augmenter le nombre des personnes venant régulièrement exiger la mise en route immédiate du deuxième cours.

Autriche, les premières expériences avec des enfants

L'Institut Ludwig Boltzmann de recherche pédagogique de Vienne [3]

Cet Institut a été fondé en juillet 1976, à la suite d'un accord culturel entre la Bulgarie et l'Autriche. Il s'est donné pour tâche de « développer, d'expérimenter, d'adapter, d'améliorer de nouvelles méthodes d'enseignement et d'apprentissage en tenant tout particulièrement compte des données de la méthode suggestopédique [4] ».

Dirigé conjointement par les Drs G. Lozanov et F. Beer, l'Institut est rattaché à l'Académie Fédérale de Pédagogie

1. *A szuggestopédiai Nyelvtanfolyamok hazai tapasztalatai es eredmenyei*, Budapest, 1977.
2. Müegyetem Rakpart.
3. Ludwig Boltzmann Institut für Lernforschung.
4. Rapport annuel de janvier 1977.

dont le Dr Beer est également responsable. Cette Académie, qui est l'équivalent d'une École normale française, possède une école pilote, dans laquelle deux classes suggestopédiques fonctionnent sous le contrôle régulier du Dr Lozanov.

En avril 1977, j'ai pu observer la classe de I. Lustig qui expérimente la méthode depuis l'année scolaire 1974-1975 en première année. J'ai pu apprécier alors, en comparant cette classe enfantine à celle observée à Sofia en octobre 1976, à quel point un cours suggestopédique peut différer d'un autre selon la personnalité de l'enseignant, les trois principes de base étant respectés.

A Sofia (*supra* p. 157), l'institutrice utilisait l'intonation comme moyen suggestif essentiel. Ici, à Vienne, elle paraît porter son effort sur l'obtention d'une disponibilité réceptive chez les enfants. Dans les deux endroits, l'institutrice maîtrise le double plan de la communication en observant avec naturel une attitude très calme, souriante et bienveillante.

Mais alors qu'à Sofia les enfants sont menés à un rythme extrêmement rapide, dans une succession ininterrompue d'activités variées et absorbantes, à Vienne, l'institutrice se tient systématiquement à l'écoute de ses élèves et les fait participer au choix des activités.

I. Lustig était plutôt sceptique au début de son expérience. Rendre l'enseignement le plus agréable possible lui paraissait normal et elle a toujours su le faire depuis le début de sa pratique. Ses réticences provenaient essentiellement, semble-t-il, de l'importante quantité d'informations qu'il fallait donner aux enfants en Suggestopédie.

Or maintenant, ce qui lui paraît important et très nouveau est qu'elle OSE apporter beaucoup de matériel à ses élèves et n'exige plus qu'ils sachent tout, tout d'un coup, et tous en même temps. Et ainsi, ils apprennent beaucoup plus.

I. Lustig reconnaît avoir eu des difficultés, au début, à faire accepter la musique classique que la grande majorité des enfants n'appréciait pas. Elle leur expliqua alors les raisons d'être de ces concerts en classe, et pourquoi cette musique avait été choisie plutôt qu'une autre. Elle essaya de leur en montrer la beauté et les bénéfices qu'ils en tireraient.

Maintenant, dès le début de la leçon d'écriture, c'est toujours un des enfants qui fait lui-même démarrer la bande magnétique. Et librement aussi, dès que les élèves perçoivent qu'ils vont faire quelque chose représentant une certaine difficulté, ils réclament l'accompagnement musical.

Durant la leçon d'écriture à laquelle j'ai assisté, l'institutrice écrivit au tableau un petit texte à copier. Dans ce texte, une des phrases était en caractères différents et nouveaux pour les enfants. I. Lustig ne fit aucune remarque, n'attira pas l'attention de sa classe sur cette nouveauté. Sur les divers cahiers examinés, la phrase avec l'écriture différente avait été fidèlement reproduite.

Un peu plus tard, les enfants créent une histoire ensemble et leurs attitudes à ce moment-là n'ont rien de conventionnel. Le Dr E. Heftner, psychiatre et conseiller psychologique de l'école, en visite ce jour-là dans la classe, me fait remarquer un élève debout au milieu de l'espace libre au centre de la pièce, une est assise sur son bureau, un autre se recroqueville « en fœtus » sur son banc.

Les vingt-trois élèves de la classe participent tous à la composition d'histoire et s'expriment, avec la permission de l'institutrice qui dirige le débat en douceur, sans faire aucune remarque ni réprimande quant aux positions des enfants. Pour elle, d'évidence, c'est la disposition interne qui compte et détermine la qualité de l'enseignement.

E. Heftner pense que les enfants expriment et libèrent, dans leurs attitudes physiques et leur occupation de l'espace, les diverses tensions pouvant exister en eux. Il me dit aussi que nous assistons là à une classe au cours de laquelle la personne humaine dans son intégralité est respectée, car cette forme d'enseignement s'adresse aux ressources combinées et équilibrées des deux hémisphères cérébraux.

D'après les connaissances neuro-physiologiques actuelles, c'est l'hémisphère gauche du cerveau qui est responsable entre autres du langage, de la parole, de l'écriture, de la pensée abstraite. L'enseignement traditionnel occidental s'adresse presque exclusivement à cette partie du cerveau.

L'hémisphère droit est le siège de l'imagerie mentale, de l'intuition, parmi d'autres fonctions, et la culture orientale en privilégie le développement. Pour E. Heftner, l'exploitation harmonieuse et équilibrée des deux hémisphères cérébraux symbolise la réconciliation et la fusion de deux cultures si différentes, l'orientale et l'occidentale. C'est ainsi que l'on peut réaliser l'épanouissement de la créativité humaine, selon lui, et c'est là l'intérêt essentiel de la méthode suggestopédique.

Les résultats obtenus à l'école pilote viennoise conduisent à l'extension des expériences. Des classes suggestopédiques sont organisées pour l'année 1977-1978 dans les académies pédagogiques du diocèse de Graz-Seckau, de Carinthie, de Linz.

L'organisation de cours de langues pour adultes est aussi prévue. Deux expériences de formation d'enseignants ont eu lieu en mai et septembre 1977. En 1985, toute activité suggestopédique a cessé.

Canada : 1. Où le bilinguisme est une affaire d'État

« Les fonctionnaires publics sont traités aux petits oignons ! »

En février 1977, lors de ma mission d'information à Ottawa, j'ai pu entendre cette remarque dans la conversation d'un fonctionnaire canadien, de langue maternelle anglaise, qui venait de suivre cinq semaines de cours suggestopédique de français, avec quelque succès, semble-t-il.

La transposition au Canada de la méthode suggestopédique d'enseignement des langues aux adultes revêt un intérêt tout particulier car elle s'est réalisée dans les meilleures conditions, c'est-à-dire dans la fidélité la plus grande possible au modèle bulgare afin de conserver les éléments suggestifs dans toute leur efficacité, à un niveau officiel, et à grande échelle.

Le Bureau des langues de la Commission de la Fonction publique canadienne a pour tâche de rendre les fonctionnaires d'État plus ou moins bilingues, selon leurs besoins professionnels spécifiques dans l'administration. Il se préoccupe donc de rechercher des méthodes d'enseignement intensives et efficaces.

L'intérêt pour la Suggestopédie date de 1971, les deux responsables de la formation professionnelle et de la formation langagière se rendirent au Premier Symposium de Varna sur la Suggestologie, et engagèrent des pourparlers avec G. Lozanov et les autorités bulgares.

A l'automne 1972, une équipe de cinq Canadiens se rendit à Sofia pour travailler à l'Institut et y recevoir la formation suggestopédique. Le compte rendu de ce voyage, ainsi que le détail des deux premières expériences qui ont eu lieu à Ottawa ensuite, sont relatés dans un volumineux rapport bilingue, français-anglais, publié en 1975 [1].

1. Une expérience d'enseignement avec la méthode suggestopédique.

Le premier cours suggestopédique de français eut donc lieu à Ottawa de mars à mai 1973. Quatre groupes d'étudiants y participèrent, envoyés par le Bureau des langues, et quatre professeurs. Deux d'entre eux revenaient de Sofia ; pour les deux autres, l'expérience servait de première formation sous la responsabilité de Gabriel Racle, directeur de Suggestopédie-Canada, formé également à l'Institut de Sofia.

Ce cours fut l'objet d'une soigneuse mise au point afin de conserver toutes les conditions suggestopédiques indispensables dans un contexte entièrement différent de la Bulgarie. Et l'équipe a dû écrire les dialogues du manuel pour les adapter aux spécificités nord-américaines, aménager les locaux, choisir les programmes musicaux.

C'est que les différences psycho-sociologiques sont très importantes. Ainsi, entre autres, les Canadiens à Sofia avaient dirigé des groupes d'étudiants dont le niveau professionnel et culturel était plus élevé que celui des étudiants canadiens.

De plus, en Bulgarie, les gens viennent à l'Institut librement, de par leur propre motivation, alors qu'à Ottawa, les fonctionnaires d'État sont envoyés au Centre dans le cadre de leur travail. Ils sont contraints à l'apprentissage de la langue, ce qui, bien sûr, change singulièrement leur attitude vis-à-vis de cet apprentissage.

Tout comme les autres peuples du bassin méditerranéen, les Bulgares sont reconnus comme étant doués pour les activités artistiques, expansifs. La méthode suggestopédique, fondée essentiellement sur la communication, peut paraître faite spécialement pour eux, et les organisateurs de l'expérience à Ottawa se demandaient s'ils allaient obtenir la même participation, le même enthousiasme dans le milieu canadien si différent.

« Dès les premières heures de cours, le langage du corps, les mots s'associent aux gestes, le mouvement envahit tout l'espace de la salle de réunion. Grâce à des moyens matériels limités, l'imagination est en activité continue, les situations se compliquent, s'enchevêtrent, le climat de jeu stimule le désir de créer, ce qui renforce le jeu et finalement le besoin de s'exprimer. Pendant et après les cours, on a pu constater que l'expressivité des étudiants n'avait rien à envier à celle des Bulgares. (A témoin notre dossier sur ruban magnétoscopique [1].)

La synthèse des résultats obtenus aux tests d'entrée-sortie a été établie sur le même schéma que le test bulgare visant à mesurer très sommairement la compréhension des phrases orales, l'expression orale fondée sur la compréhension de phrases orales, la compréhension de phrases écrites, la compréhension de mots écrits. (Voir tableau p. 250.)

On note, d'après les chiffres obtenus, que ce sont les plus faibles qui ont fait le plus de progrès. Ils ont en effet amélioré leurs pourcentages de 37,4 et 33,5 p. cent, alors que les plus forts, d'après le test d'entrée, l'ont amélioré de 27,2 et 34,1 p. cent.

Il faut remarquer l'hétérogénéité du niveau en français, au début du cours, des étudiants envoyés par le Bureau des langues, qui les considère tous comme débutants. Les plus « forts » avaient en fait des connaissances passives surtout pour la langue écrite.

A l'examen des résultats des quatre sous-tests dont les détails sont donnés dans le rapport, on note que c'est en expression orale et en compréhension orale que les progrès ont été les plus importants, respectivement de 55 p. cent et 43 p. cent. Les progrès à l'écrit ont été de 25 et 27 p. cent [2].

---

1. *Une expérience d'enseignement avec la méthode suggestopédique*, p. 38.
2. *Une expérience d'enseignement avec la méthode suggestopédique*, p. 57-59.

Le test permettant de mesurer la qualité de l'expression orale habituellement utilisé par le Bureau des langues ne paraissait pas convenir pour évaluer avec justesse l'enseignement suggestopédique. Le MLA, en effet, mesure des connaissances traditionnelles et non l'acte de communication [1].

Comme il risquait de neutraliser le positif accumulé par l'étudiant qui parle beaucoup, un nouvel instrument de mesure fut élaboré par le Service d'Évaluation de la Direction générale du Perfectionnement. Décrit en détail dans le rapport, il est appelé « grille de communication » et prend la forme d'un entretien personnalisé, enregistré et corrigé, selon un barème déterminé, par deux personnes [2].

Des réactions individuelles subjectives, comme des résultats chiffrés, il ressort que la première expérience suggestopédique a donné « des résultats supérieurs aux prévisions, aussi bien pour l'enseignement du français que pour la formation des professeurs. Les questions que l'on pouvait se poser avant l'expérience ont reçu une réponse : nous savons comment les fonctionnaires réagissent à la méthode ; nous savons que celle-ci n'est pas liée à des données culturelles particulières à la Bulgarie. Nous connaissons les réactions des étudiants à toutes les composantes du cours utilisé pour l'expérience. Il devient donc possible de poursuivre l'adaptation du cours [3] ».

La deuxième expérience, qui eut lieu de janvier à juin 1974, était beaucoup plus importante que la première afin

1. Initiales de « Modern Language Association ».

2. L. Borbola et S. S. Duquette, « Élaboration de l'instrument de mesure pour l'expérimentation en suggestopédie », in *Une expérience d'enseignement avec la méthode suggestopédique,* p. 68-115.

3. *Une expérience d'enseignement avec la méthode suggestopédique,* p. 42.

de réunir davantage de données. Elle comprenait huit groupes d'étudiants, dont quatre pour un premier cours de français, deux pour un deuxième cours de français et deux pour un premier cours d'anglais. L'expérience comportait aussi la formation de nouveaux enseignants.

Parallèlement à l'expérience suggestopédique, des groupes de contrôle reçurent un cours de français par la méthode audio-visuelle « Dialogue-Canada » en usage à la Direction Générale du Perfectionnement, et l'on put ainsi établir des comparaisons. Rappelons que le cours suggestopédique canadien est établi sur la base de 2 100 unités lexicales, et « Dialogue-Canada » en contient environ 1 550.

C'est D. Walsh, du Service d'Évaluation à la Direction des Études, qui a étudié l'efficacité de la suggestopédie en matière de compétence et de performance en langue seconde en la comparant à la méthode habituelle [1].

L'étude porta sur les quatre classes suggestopédiques qui reçurent l'enseignement du français et quatre classes audio-visuelles. La population considérée était de niveau vrai-débutant, et composée exclusivement d'employés de la Fonction Publique.

Il y eut quelques différences de répartition dans les groupes expérimentaux et de contrôle, mais tout fut calculé pour qu'il soit « possible de placer une certaine confiance dans l'équivalence pré-expérimentale des deux groupes [2] ».

Tous les groupes furent soumis au test MLA habituel et à la nouvelle grille de communication. Le traitement sta-

1. D. Walsh, « Efficacité de la Suggestopédie en matière de compétence et de performance en langue seconde » in *Une expérience d'enseignement avec la méthode suggestopédique*, p. 143 à 155.

2. Article ci-dessus, p. 145, cf. note 1.

tistique des données a produit des résultats chiffrés qui figurent à l'annexe en p. 251.

Ces résultats permettent de constater qu'il n'y a pas de différence significative entre les groupes expérimentaux et de contrôle pour ce qui est de l'expression orale et de la compréhension auditive telles qu'elles sont mesurées par le test MLA.

Par contre, la différence entre les groupes expérimentaux et de contrôle est significative ($p < 01$) quant aux résultats obtenus avec la grille de communication.

Pour les Canadiens, « on peut interpréter les résultats de la présente recherche en disant qu'ils démontrent que la Suggestopédie est équivalente à la méthode audiovisuelle du groupe témoin en tant que méthodologie pour les étudiants débutants (fonctionnaires canadiens) après une période de 66 heures d'enseignement pour ce qui est de l'acquisition des connaissances en expression orale et en compréhension auditive du français langue seconde. Cependant, lorsqu'on en vient à la performance en compréhension auditive et en expression orale, c'est-à-dire l'application de ce qui est appris, la Suggestopédie est le meilleur mode d'apprentissage [1] ».

D'autres comparaisons ont été faites, qui n'étaient pas incluses dans les hypothèses expérimentales, mais qui suscitent l'intérêt parce qu'elles remettent en question des croyances traditionnelles, lorsqu'on utilise la Suggestopédie.

Ainsi, on pense généralement que la réussite dans l'apprentissage est fonction de l'âge et de dons linguistiques innés. Et ces dons sont évalués au Bureau des langues par le MLAT, test d'aptitude linguistique auquel sont soumis tous les candidats aux cours de langues [2].

---

1. Article cité en note 1 page précédente.
2. Initiales pour Modern Language Aptitude Test.

Dans les groupes de contrôle, l'analyse des résultats a confirmé un déclin des moyennes chez les étudiants d'âge plus élevé et les étudiants d'aptitude moindre. Par contre, dans les groupes suggestopédiques, on n'a pas observé de déclin sensible selon ces variables. Pour D. Walsh, « cela demande à être vérifié dans des conditions contrôlées [1] ». Et on peut espérer des prochaines recherches sur ces points précis.

Depuis 1974, « Suggestopédie-Canada » s'est rapidement développé et occupe tout un étage d'un immeuble neuf, situé à la périphérie d'Ottawa, et entièrement dévolu à l'enseignement des langues et notamment du français, les fonctionnaires d'État d'origine anglo-saxonne étant moins souvent bilingues que leurs compatriotes francophones.

L'installation est moderne, agréable et gaie. Les salles de cours très spacieuses sont toutes conçues sur le même modèle, mais chacune dans une harmonie de tons différente. Les fauteuils confortables sont très légers de manière à pouvoir être déplacés facilement et permettre aux étudiants l'expérience diversifiée de l'espace.

Selon les principes suggestopédiques, les salles de cours sont plaisantes mais très sobres, sans autre équipement qu'un tableau noir et deux haut-parleurs pour la réception stéréophonique des concerts et divertissements dialogués.

Mais la grande salle de contrôle, elle, est excellemment équipée. Nous sommes en Amérique du Nord. Chacune des sept salles de classe est reliée ici à sa table d'écoute et d'envoi des enregistrements, ce qui permet une grande souplesse d'utilisation simultanée. Un équipement de télévision en circuit fermé et un système vidéo sont également disponibles.

1. D. Walsh, « Comparaison *a posteriori* des données » in *Une expérience d'enseignement avec la méthode suggestopédique*, p. 158 à 160.

Les Canadiens utilisent le modèle pédagogique bulgare tel qu'il a été observé et pratiqué par eux à Sofia en 1972. Et ils n'ont apporté « aucun changement dans la structure des cours, dans l'ordre et le déroulement des phrases, dans l'organisation générale et particulière ». Ils n'ont « supprimé aucun élément ni rien retranché [1] ».

La seule adaptation apportée a été celle du contenu des dix leçons que comprend le manuel. Par exemple, la visite de Sofia, qui existe dans le cours bulgare, a été remplacée par une visite d'Ottawa. Les références géographiques et culturelles ont aussi été adaptées.

Durant mon observation des cours canadiens, j'ai noté cependant que la phase de « séance » était différente de ce qui se pratiquait à Sofia, au moment de ma visite, en 1976. Le cours canadien est resté attaché au modèle bulgare de 1972 qui ne comportait pas de double concert.

Ainsi, la phase de présentation à Ottawa comporte le déchiffrage habituel ; mais à la place de la séance active de concert (*supra* p. 46) le professeur lit la phrase en anglais (langue maternelle) d'une voix basse, puis la phrase correspondante en français (langue d'apprentissage) d'une voix normale, puis la suivante chuchotée toujours après l'avoir dite d'abord dans la langue maternelle, puis la troisième d'un ton péremptoire. Le schéma de cette phrase est le suivant (rappelons qu'il s'agit d'un cours de français à des anglophones) :

PHRASE 1 : *a)* chuchotée en langue maternelle anglaise,
b) d'une voix normale en français ;

PHRASE 2 : *a)* chuchotée en langue maternelle anglaise,
b) chuchotée en français ;

1. Lettre d'information, nº 2, p. 7.

PHRASE 3 : *a)* chuchotée en langue maternelle anglaise,
b) d'une voix péremptoire en français ;

PHRASE 4 : reprise comme phrase 1.

Etc.

La séance passive avec le concert et qui arrive ensuite après lecture complète du dialogue sous la forme qui vient d'être décrite est similaire au modèle bulgare de 1976. Les autres différences observées durant les cours ont trait à l'exploitation du matériel d'apprentissage et tiennent aux différences de personnalité des professeurs qui, dans la mesure où ils respectent rigoureusement les principes de base et les moyens suggestopédiques, conservent la liberté de leur présentation.

J'ai pu constater, à Ottawa, la même atmosphère de calme et de gaieté, durant les cours, que j'avais tant appréciée à Sofia, le même humour de la part des étudiants et leur plaisir non dissimulé durant les jeux et les chants.

Pour avoir conversé, en français, avec des Canadiens anglophones qui commençaient un deuxième cours suggestopédique lors de mon arrivée à Ottawa, et qui donc comptaient cinq semaines d'apprentissage de la langue, je puis dire qu'ils parlaient le français avec grand plaisir. Ils avaient à peu près le niveau linguistique qui s'obtient habituellement après deux ans d'un apprentissage conventionnel, avec en plus le désir de parler la langue étrangère.

J'ai noté spécialement, car mes amis anglais et américains s'en soucient beaucoup, que ces Canadiens du cours suggestopédique prononçaient le fameux « u » français sans effort, sans complexe, et beaucoup moins fortement prononcé « ou » que tous les anglophones rencontrés jusque-là et qui essaient — souvent depuis des années —, avec une mimique drôle et inefficace, d'avancer les lèvres avec effort pour transformer leur « ou » en « u », son n'existant pas dans le système phonétique de l'anglais. Les étudiants du cours suggestopédique ne savaient pas que cette difficulté existait, leur professeur ne leur en ayant pas parlé et ne les ayant pas corrigés directement. Ils n'avaient donc pas de problème et pour une oreille française le résultat obtenu était le meilleur jamais entendu.

Les fonctionnaires, qui sont envoyés en cours de français par leur service, doivent, pour les besoins de leur emploi, devenir plus ou moins complètement bilingues. Cette nécessité a mené les enseignants à élaborer un deuxième cours, puis un troisième et un quatrième selon le degré de bilinguisme à atteindre.

On compte qu'après ces quatre séries de cinq semaines qui représentent en tout 280 heures de cours, les fonctionnaires peuvent faire face sans difficulté à absolument toutes les obligations de leur travail imposant un contact constant avec le public.

Pour G. Racle, directeur de Suggestopédie-Canada, la formation des enseignants est un problème essentiel. Il n'existe pas de manuel dictant la marche à suivre pour le cours suggestopédique, et les membres de l'équipe actuelle, chargés du recrutement des professeurs, sélectionnent ceux qui font montre, entre autres qualités, d'un certain esprit novateur et créatif.

De plus, un suggesto-pédagogue doit être très équilibré, stable. Avec la méthode, il n'y a pas de barrières protectrices entre l'enseignant et les étudiants comme dans la méthode audio-visuelle, par exemple avec tous ces intermédiaires que constituent appareil de projection, magnétophone.

Du point de vue de la qualité des résultats de l'enseignement suggestopédique, G. Racle fait bien remarquer que, si le temps d'apprentissage se trouve réduit d'une manière très intéressante dans une proportion de l'ordre de 50 à 60 p. cent, il faut aussi tenir compte de la satisfaction des étudiants, et de l'accroissement de leur motivation pour apprendre une deuxième langue.

Cette motivation obtenue est d'autant plus précieuse à Ottawa que l'apprentissage est pratiquement imposé aux fonctionnaires d'État qui fréquentent les cours. Ce résultat absolument évident à l'observation se mesure difficilement, on le conçoit, avec des chiffres et des statistiques.

Les succès suggestopédiques d'Ottawa ont mené l'université McGill de Montréal à confier à Suggestopédie-Canada la responsabilité d'un cours de l'École française d'été. Suggestopédie-Canada assure également des cours à Air-Canada.

On commence à réfléchir à Ottawa aux perspectives de développement de la Suggestopédie. Le schéma ci-dessous montre « comment à partir de l'application à l'enseignement fait à Sofia, dans d'autres domaines, il serait possible de faire, sans grand risque d'erreur, un transfert dans des domaines d'enseignement nouveaux [1] ».

Pour G. Racle, il faut surtout ne pas brûler les étapes et prendre le temps de respecter toutes les données suggestopédiques, être sûr de la qualité de ce qu'on met en place. Pour lui, « la Suggestopédie représente une véritable philosophie de l'enseignement. Ce n'est pas un livre de recettes, ce n'est pas un recueil de gadgets. La Suggestopédie ne se met pas en cassettes et ne se commercialise pas. Tout ce qui pourrait se faire dans ce sens n'en serait qu'une parodie ou une grossière déformation [2] ».

1. *Une expérience d'enseignement avec la méthode suggestopédique,* p. 64.

2. G. Racle, « Introduction à la Suggestopédie », in *Une expérience d'enseignement avec la méthode suggestopédique,* p. 222.

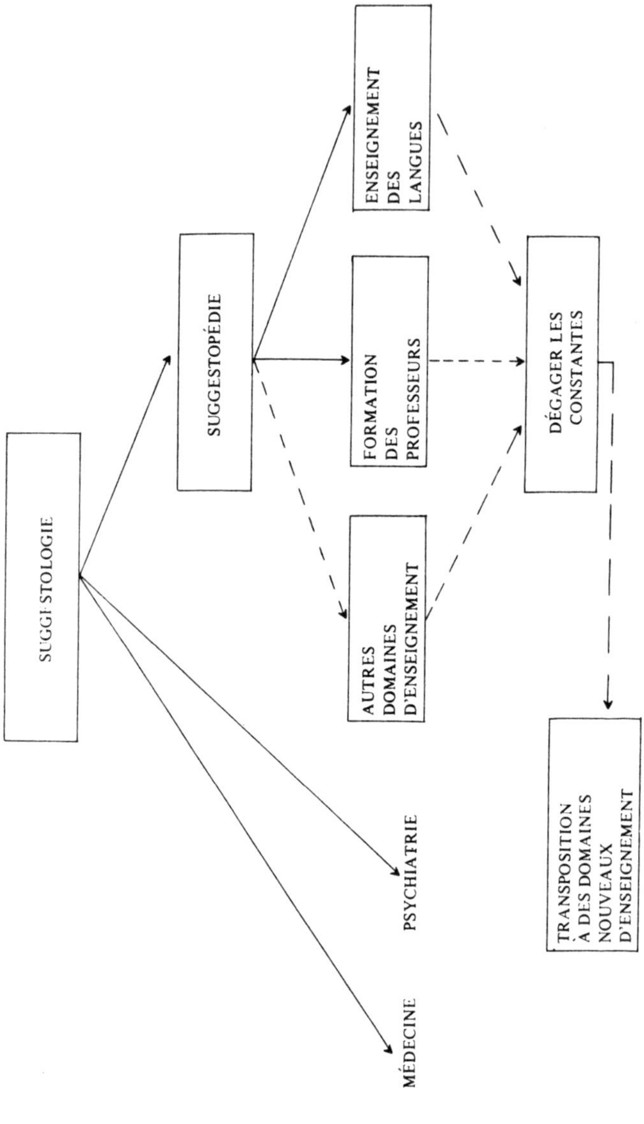

Une expérience d'enseignement avec la méthode suggestopédique, p. 65.

Nous ne pouvons qu'adhérer sans restriction à ces affirmations, en 1986 plus que jamais.

Le choc fut grand en 1979 lorsque nous apprenions que Suggestopédie-Canada n'existait plus. Que s'était-il passé ? En l'absence de clarifications officielles, les imaginations de par le monde suggestopédique vont bon train avec tout un cortège d'hypothèses plus ou moins charitables pour les responsables.

D'après des témoignages apparemment avertis et non impliqués, il semblerait que par rapport à l'investissement financier très lourd consenti par le bureau des langues, les résultats obtenus auraient été décevants. Aussi, la formation satisfaisante des enseignants serait restée un problème non résolu.

2. Le philosophe suggestologue

Jean Lerède étudie le phénomène suggestif depuis des années et il est allé de nombreuses fois à Sofia. De ses ouvrages (cf. bibliographie) il porte sur ce qu'il a perçu de la Suggestologie/Suggestopédie le regard du philosophe sensible et réfléchi, du psychologue humaniste.

Depuis plus de 3 ans, Jean Lerède anime des séminaires et stages « créativité et suggestologie » à l'Université de Montréal dans le cadre d'un certificat de créativité, et à l'Université de Sherbrooke pour le perfectionnement des professeurs au niveau collégial.

Un groupe de recherches en Suggestologie vient de se créer à la Faculté de Médecine de l'Université de Montréal qui est officiellement affilié au CNRS français.

3. Le musicologue de l'Université Laval

Jean-Paul Despuis a étudié des modèles de musique « dites suggestopédiques ». Il s'interroge sur la fonction réelle de la musique affirmant vigoureusement que « la musique n'est pas un fourre-tout, un genre de factotum qui pourrait devenir un genre de panacée ».

Belgique : un début en douceur

Professeur de néerlandais à Bruxelles, Mia Minne fit partie des tout premiers groupes d'enseignants qui vinrent à Paris s'initier à la Suggestopédie.

Avec enthousiasme et imagination, elle a su adapter les éléments suggestopédiques aux contraintes imposées dans son établissement d'enseignement secondaire. Elle ne voit ses étudiantes de 16 à 20 ans que 4 fois par semaine pour 50 minutes chaque fois, elle utilise les manuels existants et n'a pu aménager la salle de classe pour lui donner un air de vacances...

Et pourtant, toutes ces étudiantes réussissent les examens de l'Office national de l'emploi belge et une partie des tests élaborés par l'université catholique de Louvain sans aucune préparation à ces épreuves précises.

La presse néerlandaise commence à publier des informations sur le travail de Mia Minne et celle-ci dit enregistrer des réactions très intéressées.

Madame Minne, en prise directe avec la pratique quotidienne, dit très clairement qu'une telle approche pédagogique est trop éloignée du conditionnement pour être imposée et elle ne croit pas à une généralisation possible de la méthode pour le moment.

Signalons d'autre part que la radio-télévision belge a envoyé une équipe à l'École française de Suggestopédie durant quelques jours et a réalisé un film de 17 minutes pour le passer sur le réseau national (1984).

Grande-Bretagne : un précurseur enthousiaste

Peter O'Connell, directeur de la School of English Studies, a suivi une formation à Sofia il y a quelques années. Depuis ce temps, il cherche le moyen d'adapter l'approche suggestopédique à une contrainte très spécifique de l'enseignement de l'anglais qu'il dispense : ses étudiants viennent de toutes les parties du monde et il ne peut constituer que des groupes multilingues.

Or, en Suggestopédie, la traduction dans les classes de débutants est très utilisée pour tranquilliser et mettre l'étudiant dans une situation sociale à laquelle il peut participer. Peter O'Connell a dû se résoudre à préparer un cours suggestopédique de niveau avancé, lorsque la traduction n'est plus nécessaire.

Il a su communiquer son intérêt enthousiaste pour la Suggestopédie à quelques enseignants de son École et à bien d'autres par les nombreuses conférences qu'il fait dans son pays. Son action l'a mené à participer à la création d'une nouvelle association dont il assure la présidence. La « Society for Effective Affective Learning » ou SEAL a pour but la promotion et la recherche en Suggestopédie et méthodes d'apprentissage apparentées. Elle vient de débuter ses activités en organisant des séminaires d'initiation pour enseignants et en publiant un bulletin pédagogique.

SEAL a organisé en 1985 à Londres sa première rencontre internationale.

Ailleurs

Notons aussi,

EN SUISSE, les efforts de Suggesta à Genève pour faire connaître l'approche suggestopédique en offrant essentiellement des stages de français langue étrangère, mais au même titre que d'autres formations en développement individuel, ce qui peut amener des amalgames réducteurs de la valeur spécifique de la Suggestopédie.

EN SUÈDE, les initiatives individuelles se multiplient, en formation continue comme dans l'enseignement secondaire. Depuis plusieurs années, Chris Landhall, sans lui-même être enseignant, se dévoue pour développer l'intérêt pour la Suggestopédie dans son pays et faire publier en suédois les ouvrages de G. Lozanov.

EN HOLLANDE, le Dr Will Knibbeler s'efforce de comparer les méthodes et notamment de mesurer l'efficacité de la Suggestopédie — paraissant se réduire pour lui aux concerts — et l'approche par ailleurs fort intéressante dite du « Silent Way » très connue dans les milieux enseignants. Pour ces expériences, il a choisi plusieurs professeurs, mais chacun utilisera les deux méthodes alternativement... Il a trouvé des différences significatives dans les résultats obtenus par les divers enseignants, les uns par rapport aux autres ; mais pour chacun, aucune différence significative entre les diverses techniques utilisées évidemment...

AU BRÉSIL, le Dr Luiz Machado s'intéresse passionnément à la Suggestopédie, mais il propose, avant toute chose... de changer le nom même de la Suggestopédie, puisque le terme de suggestion n'est compris dans nos sociétés actuelles que sous son aspect négatif et entraîne soit la méfiance, soit une mauvaise compréhension !

Et AU JAPON, les idées de G. Lozanov, ingénieusement adaptées, prennent le nom de Simulax (avec comme racine le mot simulation !) Par la grâce de confortables fauteuils vibrants, on peut y apprendre sur cassettes trois langues en même temps.

Mais la récente naissance de la revue *Élaboration* publiée en anglais montre l'intérêt porté par les enseignants japonais à la Suggestopédie et leur effort pour rechercher des informations valables et les faire connaître une fois obtenues.

4.

L'EXPÉRIENCE FRANÇAISE

> « What I cannot do now is the sign of what I shall do hereafter. The sense of impossibility is the beginning of all possibilities... »
>
> SRI AUROBINDO [1]

En rentrant de Sofia en novembre 1976, j'avais grande hâte de reprendre mes cours à Paris III en mettant en pratique ce que je venais de vivre avec tant d'efficacité immédiate auprès de mon groupe bulgare. J'étais confiante dans la valeur de ce que je rapportais et en même temps un peu inquiète.

En effet, la situation se prêtait difficilement à l'expérience, je ne pouvais alors rencontrer mes groupes que deux fois par semaine dans les salles de Censier, dont la « décoration » représentait l'exact opposé de ce qu'il convenait de créer en matière de détente harmonieuse.

De plus, mes groupes étaient composés en majorité de

1. In *Thoughts and Glimpses,* p. 4. Ce que je ne peux faire maintenant est le signe de ce que je ferai plus tard. Le sentiment d'impossibilité est le début de toutes les possibilités.

chômeurs pressés, souvent déprimés. Allaient-ils accepter de chanter en anglais, de se renvoyer le ballon, de se lever de leur chaise très souvent, éventuellement de danser, d'écouter de la musique, de rire pratiquement à temps complet ? Allaient-ils comprendre suffisamment vite toute la portée des activités telles qu'elles étaient proposées ? Je risquais un refus, et je me tenais prête à revoir la densité des activités ludiques, à les rendre un peu ennuyeuses peut-être. Mais mon attitude, elle, ne pourrait plus être autre que tournée vers l'effort suggestopédique.

Le succès fut immédiat. Et la surprise de mes étudiants amplifia même leur satisfaction en un enthousiasme un peu bruyant. Il y eut très rapidement un premier incident. La conversation ce jour-là allait bon train, fondée sur des échanges de compliments les plus inattendus possible (pour le professeur, il s'agissait de la pratique intensive de quelques structures précises). Joyeux, le volume des voix montait et on n'entendit pas tout de suite que quelqu'un frappait à la porte. Le professeur entra, prit un air surpris à voir le groupe debout au milieu de la pièce et annonça que « dans la salle à côté, des étudiants étaient en train de travailler eux, et le bruit... Avant qu'il puisse terminer sa phrase, une stagiaire s'avança : — et nous alors, qu'est-ce qu'on travaille ! ».

Et à en juger par les résultats, c'était vrai. Je voyais enfin se réaliser et se développer au fur et à mesure de mon assurance grandissante ce que je recherchais depuis dix ans : le déblocage de la parole autre que française, l'ouverture de la curiosité à ce qui est étranger, l'acceptation de la non-perfection linguistique comme étape intermédiaire nécessaire, la reconnaissance de la possibilité d'un apprentissage heureux.

Ce fut pour moi une période d'intense absorption dans le travail d'adaptation de la méthodologie et d'approfondissement théorique. Il s'agissait d'apprendre à composer des cours faits d'une savante alternance entre des activités légères, joyeuses, et d'autres, calmes, empreintes de recueillement, sérieuses, sans être ennuyeuses. Tout cela en respectant le programme linguistique, lexical et grammatical, très lourd pour chaque leçon. C'est l'équilibre de ces alternances qui fait du cours suggestopédique une œuvre d'art, jamais terminée, à perfectionner pour chaque nouveau stage.

N'insistons pas sur les premières réticences — devenues rapidement critiques sévères — de l'environnement. Il est vrai que j'avais encore à ce moment-là une certaine maladresse naïve, qui consistait à présenter directement, sans précautions, une théorie inacceptable au pays de Descartes, malgré sa simplicité apparente, et l'évidence de vérité qui en émanait. Pourtant, c'était bien un Français qui au début du siècle avait étudié la suggestibilité humaine à l'état de veille comme un phénomène naturel ! Son ouvrage se trouve dans toutes les bonnes bibliothèques spécialisées ! Il n'est pas du tout censuré [1] !

Dans un climat tendu, extrêmement méfiant et négatif, je fus bien étonnée de la proposition qui me fut faite de tenter une expérience suggestopédique aussi proche que possible du modèle bulgare. A ma grande surprise, une salle de cours fut nettoyée, repeinte ; on acheta des chaises confortables, on fit même poser une moquette. Douze stagiaires furent réunis, disponibles trois heures trente chaque jour, tous les jours durant cinq semaines.

Et le 14 novembre 1977, juste un an après mon retour de Sofia, prête à débuter avec toute la pompe possible et nécessaire, j'arrivai à Censier en grève pour manque de chauffage... Et durant les cinq semaines de la première expérience suggestopédique française dans une université parisienne, nous fûmes interrompus plusieurs fois par

1. A. Binet, *De la Suggestibilité* (cf. Bibliographie).

diverses grèves et alertes à la bombe. A cette époque, ces événements faisaient partie de notre vie quotidienne.

Les résultats linguistiques furent tout de même assez bons. Et, surtout, ces premiers stagiaires parlaient avec une liberté étonnante. Que pouvait-on donc espérer dans des conditions favorables, ou même simplement normales ?

Ce fut à la suite de ce demi-succès/demi-échec que naquit l'École française de Suggestopédie. Mais j'attendis encore quelques mois avant de m'y consacrer, en essayant de faire connaître la Suggestopédie dans les organismes où je travaillais.

C'est ainsi que je pus diriger un cours au Centre de Formation et de Perfectionnement des journalistes, où j'avais déjà réalisé diverses expériences pédagogiques depuis plusieurs années, grâce à la généreuse ouverture d'esprit du directeur pédagogique pour les langues. Là aussi le cours ne fut qu'un demi-succès, dans un cadre pourtant calme et agréable. Les difficultés provenaient des impératifs professionnels des participants au stage. Les journalistes sont en effet des personnes très occupées et voyageuses ; en trouver douze, disponibles au même moment et approximativement du même niveau relevait d'un véritable exploit, non entièrement accompli malgré toutes les bonnes volontés. Le groupe au long des cinq semaines ne put connaître la cohérence nécessaire par les absences répétées de la plupart des participants, et l'hétérogénéité des niveaux de toute façon était trop grande.

L'École française de Suggestopédie

— « Fais-la donc ton expérience, à ton idée, seule, librement. Nous serons quelques-uns près de toi pour te soutenir et donner une structure juridique à ce que tu veux et dois faire. » Et mon vieil ami Jean-Claude me remit les statuts de l'association, l'École française de Suggestopédie. Mais bien sûr, pas d'élèves, pas de lieu, pas d'argent.

Tout s'enchaîna, je n'avais plus qu'à suivre un mouvement vers l'avant dans lequel je ne me sentais confusément que l'instrument. A la suite de deux ou trois articles dans lesquels je ne faisais qu'exposer sommairement quelques données théoriques, on commençait à m'écrire, à me téléphoner. Mes élèves posaient de nombreuses questions, intrigués par les idées suggestopédiques dont mes cours s'imprégnaient de plus en plus au fil des semaines.

Je dus choisir une date pour le premier stage dont je serais entièrement responsable à tous les niveaux d'organisation : recrutement des participants, arrangement du lieu, financement, et évidemment pédagogie. Un peu par provocation, pour voir, je choisis une date à un mois seulement de délai et commençai à en parler autour de moi. Je ne saurai sans doute jamais qui fit passer l'information sur quelques lignes dans un grand quotidien parisien, mais les douze personnes nécessaires pour l'expérience étaient réunies en une semaine, et j'avais même une liste d'attente pour le cas où des désistements interviendraient.

Le 30 janvier 1978 débuta le premier stage de l'École, dans le salon d'une amie, vidé pour la circonstance, et où nous allions rester plus de deux ans. En effet, les demandes m'entraînèrent à diriger un deuxième stage, puis un troisième. Les cours étant payants, l'École put jouir d'une complète autonomie financière. Je formai un premier professeur d'anglais, puis deux autres.

Nous avions graduellement envahi tout l'appartement de Marie à certaines heures de la journée, avec la douzaine de stagiaires, les professeurs en formation, les observateurs français et étrangers. Il était grand temps de nous installer rue Henri-Barbusse, dans ce lieu nous convenant à merveille. Nous y sommes toujours en 1986. Avec seulement deux salles de classe, nous pensons pouvoir disposer de l'espace suffisant pour œuvrer à l'accomplissement des tâches suivantes :

— *Faire connaître l'approche suggestopédique* dans les meilleures conditions possibles.

— *Favoriser la recherche en Suggestologie* pour l'approfondissement des idées théoriques avec possibilité de les confronter largement à une large pratique vivante.

— *Perfectionner la méthodologie suggestopédique,* la faire évoluer.

— *Sensibiliser les enseignants,* à l'approche suggestopédique, et former individuellement ceux prêts à s'y consacrer.

Faire connaître l'approche suggestopédique

Cela peut être réalisé tout d'abord en faisant cours, puis en tentant d'évaluer la qualité suggestopédique de ces cours.

— Le cours suggestopédique à l'E.F.S. :

De janvier 1978 à décembre 1984, 155 stages au total ont été organisés pour 1603 personnes dont 1212 pour l'apprentissage de l'anglais, la nécessité d'apprendre cette langue amenant à l'École 82 % du total des participants.

Les autres langues enseignées sont le français langue étrangère, l'espagnol, l'allemand, le russe (voir tableau p. 252). L'équipe se compose de sept professeurs au total dont trois pour l'anglais.

Avec cette moyenne annuelle de 22 stages par an, qui nous donne l'indépendance financière, il est possible de combiner harmonieusement l'activité pédagogique proprement dite, le travail de réflexion et d'amélioration du cours, le temps de repos et de développement personnel du suggesto-pédagogue.

Il n'est pas difficile de s'inscrire à un cours à l'École, toutes les demandes étant acceptées dans la mesure des disponibilités. Quelquefois, le délai d'attente est assez long, deux ou trois mois, ce qui constitue un élément positif pour l'apprentissage. En effet, cette période précédant le stage laisse le temps de s'informer sur la méthode par des lectures, d'en parler à des collègues anciens participants, de se préparer intérieurement à l'expérience, comme on organise un beau voyage pour mieux en profiter le moment venu.

Tout compte en Suggestopédie, et nous veillons à la qualité de la voix qui répond à la première demande d'information au téléphone autant qu'à l'au revoir du dernier jour, qui inaugure le futur durant lequel l'apprentissage continuera. La présence d'un sourire, la stimulation d'un accueil chaleureux, le plaisir à la vue d'une fleur, tout compte pour favoriser l'attitude positive pour l'apprentissage.

Une dizaine de jours avant le début du stage choisi, le futur participant reçoit une convocation et une feuille de recommandations. Celle-ci nous paraît utile pour stimuler déjà l'attente intérieure, à différencier de la curiosité ou de l'impatience. Voici le contenu de cette feuille de recommandations :

Recommandations importantes

Vous allez étudier une langue étrangère par une approche différente, deux à trois fois plus rapidement qu'avec une méthode traditionnelle, dans le plaisir et la détente.

A pédagogie nouvelle, attitude nouvelle. Et celle acquise dans l'enfance doit maintenant être reconsidérée. Ainsi vous avez peut-être l'habitude d'apprendre par petites étapes, en essayant de maîtriser un chapitre avant de passer au suivant.

En Suggestopédie, nous allons vous plonger immédiatement dans un ensemble très riche et constamment renouvelé de notions nouvelles, sans vous demander de contrôler l'assimilation immédiate de toutes ces nouveautés. Laissez-vous aller. Votre plus grand risque est de vous apercevoir au bout d'un certain temps de durée variable pour chacun — que vous avez appris beaucoup, en utilisant votre acquis.

Notre éducation nous a aussi formés à la comparaison, à la compétition. Pourtant, chacun de nous apprend à son rythme propre avec ses moyens personnels, toujours un peu différents de ceux des autres. Il n'est donc pas raisonnable de comparer son niveau ou ses progrès au niveau ou au progrès des autres participants.

Il n'y a pas de devoirs à faire à la maison. Il est seulement recommandé de lire le dialogue en cours d'étude le matin au lever et le soir au coucher, assez rapidement, en se contentant avec l'aide de la traduction de comprendre la signification du texte. Ceux qui ont le temps et l'envie de faire plus le peuvent bien sûr, mais cette activité doit essentiellement dépendre du désir qu'ils en ont et du plaisir qu'ils en tirent.

Participation au cours lui-même

Concert actif

- Vous suivez la lecture du professeur en vous aidant de la traduction française en regard lorsque c'est nécessaire.

- Il peut être bon de se présenter intérieurement par des images mentales les diverses situations du dialogue.

- Vous soulignez les tournures pour lesquelles vous désirez demander une explication à la fin du premier concert.

• Vous notez les particularités de prononciation pour les retrouver lorsque vous relirez le dialogue chez vous.

Concert passif

• Vous vous reposez tout simplement, pour trouver le calme et la disponibilité qui vont stimuler votre mémoire et vos facultés créatrices.

Durant les autres phases du cours, participez simplement aux activités... de la manière que nous vous laisserons découvrir. *(Voir encadré p. 217.)*

Le premier jour, l'accueil est certes aimable, l'organisation normalement sans défaut. Mais souvent, l'atmosphère est un peu tendue. C'est tout de même l'inconnu, et chacun reste sur son quant-à-soi. Nous avons essayé d'adoucir un peu ces premiers moments avec de la musique d'ambiance, diffusée en attendant l'entrée du professeur, nous avons offert des boissons et des petits fours... sans succès.

Cette courte situation de tension dure peu, et pour certains professeurs elle serait même bénéfique. Le contraste entre ce moment et les heures qui suivent est tel que la surprise et la satisfaction de se sentir si bien, déjà en train de faire des progrès, accentuent la concentration et l'engagement des premiers jours. Et c'est durant la première semaine de cours que la plus grande quantité de connaissances paraît s'acquérir le plus facilement et le plus durablement.

— Les résultats et leur évaluation :

• L'aspect subjectif.

Ce jour-là — c'était au milieu de la 3e semaine — il arriva en retard, cachant son regard sombre derrière un gros bouquet de roses. Il se dirigea vers moi : « Hello, Happy birthday to you [1] ! »

1. Bonjour, Bon Anniversaire.

QUELQUES IDÉES PÉDAGOGIQUES

directement inspirées de notre pratique

— Vous garderez toujours votre accent d'origine puisque vous êtes arrivé à l'âge adulte. Il est donc inutilement fatigant de passer du temps à essayer de le perdre.

Par contre, nous travaillerons ensemble à vous donner une prononciation et une intonation correctes, et même agréables à l'oreille étrangère, afin que vous puissiez vous faire comprendre aisément.

— Vous ferez encore quelques fautes de syntaxe après la fin du stage. Et pourtant, nous étudierons la grammaire et vous apprendrez beaucoup de vocabulaire.

C'est normal. Une langue vivante, dans son infinie complexité, ne se maîtrise jamais absolument, même lorsqu'il s'agit de sa langue maternelle. Pour une langue étrangère, seule une longue pratique dans la vie même permet une intégration en profondeur, après l'apprentissage affectif en même temps que rationnel donné par le cours suggestopédique que vous allez suivre.

— Et peut-être le plus important à nos yeux : pour bien savoir ce qu'on apprend, il convient en apprenant de

SE FAIRE PLAISIR.

F. S.

Une seconde de silence, puis l'explosion coléreuse, d'un trait :

« I'll NEVER speak English [1] ! »

L'éclat de rire fut général. Quant au professeur, elle se pâmait d'aise : une phrase bien enlevée, avec une ligne mélodique rendant exactement l'état émotif — ce qu'il y a de plus difficile à obtenir d'un Français —, et de quelqu'un qui n'avait pas encore vraiment accepté de parler depuis le début du stage. Pour lui aussi, c'était gagné. Je ne cédai pas à l'envie de le taquiner en lui demandant la raison de sa colère.

On a quelquefois l'impression d'un refus d'apprendre. Peut-être parce qu'apprendre c'est évoluer, se modifier, et que lorsqu'on est arrivé à l'âge adulte, on n'en a plus envie. Mais surtout, dans notre conditionnement, la croyance est que sans peine et sans ennui, il ne peut y avoir d'apprentissage valable. Et chez un certain nombre de stagiaires, une ou deux personnes tous les deux ou trois stages, les professeurs peuvent constater un ferme refus de constater l'acquis, même s'il est utilisé.

Les deux premières années, nous nous sommes astreints à enregistrer le test d'expression orale le premier et le dernier jour du stage. Ceux qui à la fin affirmaient qu'ils ne parlaient toujours pas étaient invités à écouter leur cassette immédiatement. Ils partaient satisfaits et intrigués.

Nous nous contentons maintenant d'un questionnaire conçu de telle façon qu'il est possible de visualiser son progrès d'après ce que chacun a répondu sur lui-même au questionnaire. Un exemple se trouve en annexe (p. 252). Précisons pour une bonne compréhension que la réponse aux questions le dernier jour du cours s'effectue sur une feuille séparée et les résultats obtenus sont reportés sur le questionnaire du premier jour à la fin de tous les tests.

1. Jamais, je ne parlerai anglais !

C'est aussi souvent dans les mois qui suivent que certains participants découvrent avec surprise leur nouvelle aisance à communiquer dans la langue étrangère. Voici un témoignage caractéristique :

Le 2 novembre 1981

Robert Palomba
Control Data

Chère Fanny,

A la fin du stage d'anglais niveau I, ma sensation était qu'au fond j'avais acquis un léger mieux et le fait de ne pouvoir mesurer mes connaissances acquises durant le stage me laissait supposer des résultats pas très brillants.

Deux mois après, en mars-avril 81, j'ai eu l'occasion pour ma profession d'aller aux États-Unis pour deux semaines et ce fut pour moi une heureuse révélation de constater que :

1° Je comprenais les trois quarts de ce que l'on me demandait.

2° J'arrivais à me faire comprendre relativement bien.

3° Cette compréhension de la langue m'a fait faire ensuite beaucoup de progrès et suscite d'aller plus loin dans la connaissance de l'anglais.

Je souhaite que mon témoignage puisse être connu des anciens participants et par des participants arrivant en fin de stage niveau I car, vraiment, on n'imagine pas à ce moment-là toutes les informations, connaissances acquises inconsciemment mais bien utilisables quelques mois après comme ce fut mon cas.

Amicalement

Votre ancien élève
ALAN BLACK

La stimulation positive qu'apporte le stage et qui, de l'avis général, dure plusieurs mois est encore une autre conséquence du cours suggestopédique. Des anciens stagiaires nous signalent qu'ils se constatent « plus aimables avec l'entourage », d'autres « qu'ils parlent à leur supérieur hiérarchique avec plus d'assurance ». Certains se sentent plus indépendants parce qu'ils ont plus confiance en leurs compétences. Cette stimulation de la personne est l'un des effets les plus rapidement visibles. Mais nous ne disposons actuellement d'aucune possibilité d'évaluation précise.

• L'aspect dit objectif.

Les tests à l'E.F.S. essaient de mesurer le progrès accompli durant le stage. Les quatre compétences sont prises en compte : compréhension orale et écrite, expression orale et écrite. Ces tests ont été conçus par l'équipe dans un état d'esprit précis qui peut paraître en opposition complète avec la notion habituelle de mesure.

Dans le cadre suggestopédique, toute activité quelle qu'elle soit, doit constituer un apprentissage ou un renforcement par la gratification d'une réussite authentique, sanctionnant la réalité de l'apprentissage. C'est pourquoi nos tests, présentés tous les deux jours sous diverses formes, doivent être réussis à plus de 80 p. cent, sauf évidemment le tout premier jour... pour celui qui intervient avant le début du cours.

De toute façon, nous pensons qu'un test ne peut rendre compte entièrement du niveau de langue et spécialement en compétence orale. Nous avons remarqué que la plupart des tests, des plus simples aux plus sophistiqués, mesuraient un niveau culturel, ou social, ou émotif bien plus qu'une réelle connaissance et/ou compétence dans une langue étrangère. Une personne timide dans sa langue maternelle le sera plus encore dans une langue étrangère, une personne qui sait beaucoup mais qui a l'esprit lent peut ne pas comprendre ce qu'on lui demande et l'émotion la rendra muette, alors que dans un contexte amical ou même professionnel, elle prouve ses connaissances.

La précision scientifique en évaluation des compétences en langues étrangères nous paraît bien aléatoire, ce qui n'est pas une raison pour ne pas la rechercher et en tirer certaines informations, des résultats d'intérêt le plus souvent statistique. Les tests de langues dits objectifs peuvent être utiles s'ils sont acceptés comme le reflet partiel d'une réalité passagère.

De nombreux tests existent. Certains dans leur genre rendent de grands services car ils ont l'avantage d'offrir une échelle de niveaux standardisée, qui rassure parce qu'on peut avoir des points de repère chiffrés et établir des comparaisons. Il peut être nécessaire dans certains cas, notamment de promotion sociale, de se placer sur une échelle normalisée pour certaines compétences précises.

Plusieurs participants aux stages suggestopédiques ont ainsi subi ces tests, en dehors du cadre de l'école. Il est apparu d'après les résultats obtenus que leur progrès a été deux à trois fois plus rapide qu'avec une méthode habituelle. Nous en sommes heureux, mais nous pensons aussi qu'il pourrait être intéressant d'élaborer avec des spécialistes en évaluation un système de mesure, aussi objectif qu'il est possible dans ce domaine fluctuant, qui puisse rendre compte :

— du progrès linguistique réel des participants durant le cours suggestopédique sans interférence des facteurs sociaux et culturels, si cela est possible ;

— de l'évolution psychologique et physiologique des participants au cours du stage ;

— du niveau de motivation pour continuer l'apprentissage de la langue étrangère après la fin du stage.

Une fois établi, ce système d'évaluation — qui devrait être d'application rapide et agréable — pourrait servir à mesurer les résultats obtenus avec diverses approches pédagogiques pour parvenir à de vraies comparaisons.

Favoriser la recherche en suggestologie

Nous avons vu dans les pages précédentes que la Suggestopédie n'a pas été conçue comme une méthode de langue, une de plus, comme il y en a déjà tant d'autres. Elle l'est devenue petit à petit après avoir été perfectionnée pendant longtemps comme champ expérimental de la théorie suggestologique. Il n'y avait pas à l'origine une intention de créer une nouvelle pédagogie, elle s'est imposée comme telle par les résultats obtenus.

Nous avons vu aussi que la Suggestologie étudie la suggestibilité humaine et les moyens de la développer POSITIVEMENT, aspect dont on a « oublié » de se préoccuper jusqu'alors — partout dans le monde —, en n'étudiant que la face obscure et inquiétante du même problème. Et les techniques de suggestionnement ont souvent bien du talent, notamment dans certaine publicité, mais aussi dans notre éducation.

Or, pourrait-on sérieusement considérer une étude de la nuit sans tenir compte du jour, de la mort en oubliant la vie, du malheur en effaçant le bonheur, de la haine en refusant de voir l'amour ? Il est temps que des physiologues, des psychologues, des musicologues poursuivent l'initiative courageuse de G. Lozanov en étudiant et perfectionnant les possibilités de cet acte concerté d'amour pour l'autre : la suggestion pour l'éveil de l'autre, pour son développement dans le sens qui lui convient à lui, en toute acceptation de la direction que pourra prendre cette libération. Il s'agit bien évidemment d'un acte de confiance et d'optimisme, plutôt éloigné de l'attitude apprise aujourd'hui, à cette étape où nous sommes de l'évolution humaine.

Il s'agit bien pour chacun de nous d'apprendre à comprendre que la Suggestologie ne se limite en aucun cas à « cet effort de contrôle conscient de l'inconscient [1] ». Nous sommes bien au-delà, et confrontés à la nécessité de constater l'actualité impérative d'une réflexion enfin rigoureuse du problème posé.

« However it is necessary to point out that we understand and research the problem of suggestion not in the sense of limiting, constraining, conditioning and manipulating, but in the sense of the English meaning of the word " suggestion " : to offer, to propose -i.e. to offer the personnality a wide choice as Nature does [2]. »

Perfectionner et faire évoluer la méthodologie suggestopédique (voir tableau p. 226)

En sept ans d'expérience quotidienne, nous avons pu affiner les jeux, accélérer le rythme des activités, introduire la danse, les contes merveilleux. Les nouveaux outils pédagogiques sont prévus dans la composition même du programme du cours, ils sont prétexte à la transmission de notions linguistiques précises, jamais vains dans leur raison d'être. Tout cela est intéressant à mettre en place,

1. J. Lerède, in *Les Troupeaux de l'Aurore,* p. 17.
2. G. Lozanov, in *Suggestopedy and Outlines of Suggestology,* p. 1. « Cependant, il est nécessaire de faire remarquer que nous comprenons le problème de la suggestion et l'investiguons, non dans le sens d'une limitation, d'une contrainte, d'un conditionnement, d'une manipulation, mais dans l'acception anglaise du mot " suggestion " : offrir, proposer, c'est-à-dire offrir à la personnalité un large choix comme le fait la Nature. »

représente un important travail. Et pourtant nous ne pouvons perdre de vue que ces outils pédagogiques restent évolutifs constamment, modifiables à l'infini, dans le respect impératif et stable des principes théoriques de base.

L'originalité de certains de ces moyens, comme l'usage de la musique en concert, impressionne beaucoup l'observateur superficiel, l'enseignant pressé. Insistons donc : ces divers moyens aussi étonnants, aussi nouveaux puissent-ils paraître, NE CONSTITUENT PAS UNE DÉFINITION DU COURS SUGGESTOPÉDIQUE. Ils en représentent la forme extérieure, la façade, comme la robe bien coupée qui protège le corps d'une mystérieuse belle dame.

Cependant, ne sous-estimons pas leur utilité comme supports matériels indispensables de tout le reste. Ce que nous voulons exprimer, c'est que utilisés dans l'ignorance des principes qui les sous-tendent, ils ne permettent de réaliser qu'une caricature de cours suggestopédique, version plutôt répandue actuellement.

Toutes ces activités donc — et la diversité est infinie — peuvent se révéler être d'excellents supports de certains caractères spécifiques de la Suggestopédie, dont l'ensemble ne se trouve dans aucune autre pédagogie.

- Ainsi, l'observateur le moins averti constate avec étonnement la densité du cours. Les participants se trouvent plongés dans une grande richesse situationnelle et linguistique dès le premier jour. Cette abondance — que nous nous efforçons d'enrichir constamment — permet à chacun de trouver plus facilement ce qui fera écho à ses préférences ou préoccupations personnelles, source de vive motivation. Également, dans cette densité soigneusement organisée selon un programme précis, l'attention est forcée, stimulée par la richesse des activités intéressantes et/ou amusantes, la rapidité entraînante de leur déroulement.
- Nous remplaçons la notion de « difficulté », qui

amène automatiquement une tension physique et psychologique inconsciente, grande consommatrice d'énergie, par celle d' « inconnu ». Nous partons systématiquement du connu de l'élève pour aller en douceur mais vite, ce qui n'est pas contradictoire, vers l'inconnu. Cet « inconnu » — le prétendu « difficile » perd ainsi progressivement du terrain. Nous sommes ainsi faits : ce que nous connaissons ou savons ne nous paraît pas difficile. Ce qui n'est pas difficile n'est pas fatigant.

Quant à l'effort, il existe dans le cours suggestopédique, mais sous une forme transposée, allégée, dédramatisée. Il ne s'agit pas de dépenser son énergie en fronçant les sourcils ou tendant les épaules pour arriver à se concentrer sur un sujet ennuyeux que l'on va se contraindre à absorber malgré tout. Il conviendra de laisser place à l'établissement d'une volonté intérieure, paisible parce que confiante, jamais fatiguée parce que joyeuse, concentrée parce qu'intéressée, motivée par les résultats immédiats.

• La recherche de la beauté dans l'environnement comprenant le cours lui-même est un impératif absolu et quotidien. La nécessité esthétique s'insinue partout, dans l'arrangement des fleurs, le choix de la couverture du manuel, la douceur de la voix qui chante, l'ordre de développement des activités, la façon de passer d'un jeu bruyant à une lecture recueillie. Le plus possible des multiples formes d'art éveille les émotions positives, impose le respect, incite à valoriser les activités, développe le meilleur en chacun, fait grandir. La force suggestive des formes artistiques de communication interpersonnelle acquiert encore plus d'efficacité quand ces formes artistiques sont présentées dans un cadre rituel rigoureux, ce qui tranquillise l'élève.

• La combinaison harmonieuse de ce que l'on pourrait appeler l'apprentissage périphérique avec l'apprentissage central soulève aussi l'étonnement. Il s'agit d'une savante

Les niveaux de compréhension du cours suggestopédique

DU VISIBLE À L'INVISIBLE
DE LA FORME À L'IDÉE
DE L'ACCESSOIRE À L'ESSENTIEL

Moyens pédagogiques
— jeux, sketches, danse, musique, etc.

Caractères spécifiques
— densité du cours
  - richesse linguistique
  - abondance et diversité des activités
  - rapidité de déroulement.
— transposition positive des notions d'effort et difficulté
— omniprésence de la recherche esthétique
— apprentissage périphérique

Principes suggestopédiques

- plaisir et absence de tension
- l'être humain pris dans sa globalité
- le lien suggestif prof/élève

Les moyens suggestifs
— l'autorité/prestige
— la mise en disponibilité
— le double niveau de la communication
— le rythme et l'intonation
— la pseudo-passivité du concert

alternance des explications rationnelles, claires, simples et rapides dans la langue maternelle si nécessaire, et des activités ludiques aussi absorbantes que possible. Les stagiaires, pris par l'intérêt de cette activité, rejettent leur objectif d'apprentissage de la langue étrangère à la périphérie de leurs préoccupations du moment, sans l'oublier tout à fait. Et souvent mais pas toujours, c'est seulement à la fin d'un jeu particulièrement réussi qu'ils s'aperçoivent que tout s'est passé dans la langue étrangère. Leur satisfaction fait alors plaisir à voir. Le suggesto-pédagogue s'arrangera pour faire passer la plus grande partie de l'inconnu durant l'apprentissage périphérique. La rationalisation viendra pour solidifier et structurer l'appris, mais ne dominera pas ; elle n'est qu'un outil de plus parmi les autres outils du psychisme humain.

C'est en cela principalement que l'approche suggestopédique est révolutionnaire, et de toute actualité. Elle fait place clairement, officiellement, à tout ce que notre conditionnement figé dans le culte du seul entendement mental et intellectuel nous a contraints d'oublier. Nous avons été convaincus par l'éducation que seules les activités dirigées par le contrôle cérébral étaient valables et particulièrement en situation d'apprentissage. La suggestopédie nous donne l'opportunité d'une ouverture sur une autre partie de nous-mêmes, positive, créatrice, contrôlable. Et il s'agit là de l'exact opposé, de la face lumineuse, des techniques de suggestionnement, techniques de limitation, de réduction de l'autre.

D'ailleurs, connaître la suggestopédie, c'est aussi savoir se protéger de son contraire, c'est se donner les moyens de lutter contre les insinuations nocives, par une prise de conscience de leur présence et le renforcement de sa personnalité.

On peut mieux comprendre maintenant pourquoi l'amélioration constante des outils du cours suggestopédique est un impératif, mais pas du tout pour les outils eux-mêmes. Pour qu'ils reflètent de mieux en mieux et avec de plus en plus de précision la véritable vocation de l'approche suggestopédique : aider chacun à se dégager de son conditionnement limitatif, en lui permettant de la manière la plus efficace possible de :

- découvrir l'existence de ce conditionnement
- remettre en question son environnement
- élargir le champ de sa conscience
- redécouvrir son « entendement intuitif perdu [1] »
- en faire usage.

La formation des professeurs

Un suggesto-pédagogue qui se veut tel :

— A déjà une bonne pratique de son métier. Et il connaît sa discipline mais aussi les techniques d'apprentissage de cette discipline (qui aura un jour le courage d'expliquer clairement pourquoi il n'est pas suffisant d'être anglophone pour savoir enseigner l'anglais ?).

— S'adonne par goût personnel à diverses activités artistiques et s'y reconnaît en situation d'apprentissage constant.

— Est à l'aise dans son corps — son outil discipliné et non sa prison — et possède une belle voix.

— A étudié et met en pratique les lois de la communication positive, les techniques d'écoute, les règles de la dynamique des groupes.

— Est « transparent » et l'est consciemment, ce qui constitue la meilleure façon de maîtriser le double plan de

1. Jean Lerède, *Les Troupeaux de l'Aurore,* p. 47.

la communication, le moyen le plus sûr d'établir son autorité-prestige au sens suggestologique [1].

— Sait se dévouer et s'oublier pour le libre développement de l'autre. Et pour ce faire, il n'oublie jamais que dans ce domaine « l'Amour, ça aide [2] ! ».

On peut être savamment suggesto-pédagogue, on peut l'être aussi par nature. Entre les deux extrêmes tous les degrés sont possibles.

Quelquefois, l'évidence du talent à l'état pur est tel qu'il ne reste rien d'autre à faire qu'à admirer. G. Lozanov aimait raconter l'histoire de cette vieille institutrice d'un village bulgare que ses collaborateurs, émerveillés, avaient filmée durant sa classe. Elle n'avait bien sûr jamais entendu parler de Suggestopédie. Après avoir vu le film, G. Lozanov recommanda surtout qu'on la laissât tranquillement à sa tâche et que l'on montrât le film aux enseignants en formation. On ne sait jamais, peut-être par contagion...

Il y eut ce professeur d'anglais parisien qui, après avoir participé simplement à une journée de sensibilisation à la Suggestopédie, décida d'expérimenter le concert, sans aucune autre préparation. Elle vit ses étudiants protester et quitter la classe. Évidemment.

Un professeur de mathématiques d'un établissement secondaire près d'Antibes a essayé en douceur, en commençant par un travail sur lui-même, de considérer ses élèves d'un œil différent, de les observer. Un jour, sans rien dire, il a diffusé une fugue de Bach durant une interrogation écrite. Il n'y eut ni réaction ni commentaire

1. Voir *infra*.

2. Mona Ozouf in *Le Nouvel Observateur* du 31 août 1984, p. 62.

d'aucune sorte. Mais la semaine suivante, au moment de l'épreuve, les élèves réclamèrent la musique.

Ce professeur accrocha un jour dans la salle de classe un portrait d'Einstein qu'il trouvait particulièrement réussi. Il s'étonna d'éveiller ainsi l'intérêt de ses élèves pour une formule du savant imprimée sur la même affiche, sous le portrait. Il refusa l'explication demandée « parce que l'étude de cette formule est inscrite au programme de mathématiques d'une classe supérieure » ! Il ne fut pas trop difficile de le convaincre de cette évidence — soigneusement enfouie sous de prétendus impératifs pédagogiques de découpage du savoir en rondelles incompréhensibles — qu'un enfant est prêt à apprendre dès qu'il en manifeste l'intérêt, et à ce moment-là, l'âge ou le programme ne doivent pas être pris en considération. L'important est de savoir expliquer simplement, clairement, gaiement, rapidement, en faisant une confiance absolue aux infinies possibilités humaines, en refusant de les enfermer dans des cadres réducteurs. Ici aussi, la réflexion suggestopédique semble révolutionnaire.

Ainsi, l'enseignant qui a décidé de se former à l'approche suggestopédique entre dans un processus d'évolution personnelle et professionnelle. Il prend peu à peu conscience de ses différents conditionnements, les bons comme les mauvais, se défait progressivement des habitudes qui limitent l'efficacité de son enseignement, peut les remplacer par des automatismes qui favorisent l'apprentissage, ce qui lui apporte une gratification personnelle suffisante pour qu'il désire continuer dans cette direction épanouissante pour lui-même et pour ses élèves.

Le professeur reste l'instrument essentiel et déterminant du succès d'un enseignement suggestopédique. — Comme pour toute méthode d'apprentissage répondra-t-on. — Certainement. Une méthode d'apprentissage consiste en une combinaison plus ou moins savante et sophistiquée d'outils qui varient à l'infini suivant la mode du moment. Et il est aujourd'hui d'excellentes méthodes, bien conçues, efficaces. Mais le succès de leur application dépend du professeur, l'indispensable facteur humain déterminant. Et le professeur réussira dans n'importe quelle méthode selon le talent qu'il aura de maîtriser les phénomènes suggestifs et de les diriger positivement. C'est la qualité de la réflexion suggestopédique qui fait l'efficacité d'une méthode, pas la méthode elle-même.

Il faut tout de même tenir compte des influences autres que celles émanant du professeur. Elles ne sont pas aussi déterminantes pour favoriser l'apprentissage, mais peuvent néanmoins l'entraver ou le faciliter. Dans l'enseignement secondaire surtout, il est difficile, sinon impossible, de soumettre aux impératifs suggestopédiques les contraintes d'horaires, de lieu, d'atmosphère... Au lycée Voltaire à Paris, Jean Cureau a eu le courage d'introduire quelques éléments suggestopédiques dans ses classes de 6e et 5e, notamment le principe de détente ou absence de tension. Il a préparé un manuel tout spécialement et a obtenu la possibilité de mener deux expériences de deux ans chacune. C'est tout de même un début, et un exemple à suivre.

A l'École française de Suggestopédie, nous avons proposé des formules diverses de sensibilisation à l'approche suggestopédique. Nous recevons quotidiennement des demandes de formation de la part d'enseignants français et étrangers, très souvent enthousiastes et pressés.

L'expérience nous a appris qu'une formation d'enseignants en groupe s'avérait insuffisante pour une compréhension et une maturation réelles. Un travail intérieur personnel s'avère indispensable, et il y faut du temps.

Nous avons donc retenu actuellement une formule individualisée, en trois étapes, qui peuvent se parcourir au rythme des possibilités de chacun et se répartir de préférence sur une durée d'au moins un an.

L'enseignant suit tout d'abord un stage complet de cinq semaines comme élève pour apprendre une langue étrangère qu'il ne connaît pas. Un peu plus tard et durant cinq semaines encore, il revient assister à un stage complet, comme observateur. Il prend des notes, et coanime dans certaines activités. Après cette deuxième étape qui devrait être suivie d'une relecture des ouvrages théoriques sur la Suggestopédie, l'enseignant commence avec l'aide des suggesto-pédagogues de l'école à préparer son propre cours pour le débuter dans son cadre habituel.

Le parcours de l'enseignant qui essaie de devenir suggesto-pédagogue est plein d'embûches, et personne à ma connaissance n'a pu y échapper. La première difficulté consiste à confondre durant un certain temps la forme et le fond, à rester dans l'illusion que seulement l'évident est la réalité, à croire que la Suggestopédie c'est l'usage des jeux, l'utilisation de la musique, la présentation de quelques chansons, ou tous autres gadgets plus ou moins drôles ou inattendus.

Que ce soit pour reproduire un cours de langue dont la méthodologie existe déjà, ou pour transposer dans une autre discipline, l'enseignant ne connaîtra de succès durable et n'obtiendra des résultats au-delà des normes que quand il travaillera avec son intelligence, son imagination, son dévouement, à stimuler les facultés de ses élèves, à établir en eux la disposition mentale pour apprendre, l'attente et la motivation, la disponibilité confiante.

Un autre ennemi de l'enseignant sur le chemin vers la pratique suggestopédique est cette tendance humaine à succomber à la routine. Préparer les premiers stages représente un tel effort qu'il paraît normal ensuite de se laisser un peu aller à profiter de l'acquis. Or, dès que le professeur se répète, n'est plus stimulé lui-même par l'amélioration du cours, l'introduction d'une nouvelle activité encore plus efficace, il ne fait plus de Suggestopédie mais seulement un bon cours. Il répète un grand air bien connu, s'y complaît et s'y fixe.

Et l'arrêt dans la progression n'est pas simplement dû à cette force d'inertie inhérente à la nature humaine, toujours prête à réapparaître dès que la vigilance faiblit. Une sorte de blocage contre le perfectionnement se produit au moment où apparaît chez le professeur... une certaine suffisance. Le succès inhabituel de son enseignement, le prestige qui en découle peuvent expliquer peut-être une voix devenue trop directive, un rire peu discret, des changements intempestifs dans le rituel du cours. C'est souvent provisoire, mais on peut voir alors le talent qui fond comme neige au soleil, et l'efficacité.

Patience, Patience,

ce sont simplement des humains de maintenant explorant et construisant leur pédagogie de demain.

« EARTH IS HIS FOOTING [1] »
SUR TERRE EST SA MARCHE

1. Sri Aurobindo in *Life Divine*, p. 11.

ANNEXES

EXPÉRIENCE SUR L'ACQUISITION
PAR LES STIMULI PÉRIPHÉRIQUES (*supra*, p. 89)

	Niveau initial	*Premier contrôle*	*Deuxième contrôle*	*Troisième contrôle*
Groupe expérimental				
Moins de 10 mots	3,80	11,00	10,50	11,73
De 11 à 20 mots	15,00	20,50	17,80	24,00
De 21 à 30 mots	25,00	29,78	31,23	32,80
Groupe de contrôle				
Moins de 10 mots	3,13	9,00	7,37	8,18
De 11 à 20 mots	16,30	19,50	20,43	22,25
De 21 à 30 mots	25,78	28,89	29,14	29,33

– Les chiffres indiquent le nombre moyen de mots écrits correctement par personne.
– Cette expérience a été réalisée avec cinq groupes expérimentaux et trois groupes de contrôle.

PRODUCTION LANGAGIÈRE DES ÉTUDIANTS
après un cours suggestopédique
(*supra*, p. 136)

Nature des répliques et leur fréquence d'utilisation dans les dialogues analysés.

	Nombre de répliques	*Pourcentage par rapport au nombre total des répliques*
1. Information réciproque (ordinaire, polie, impolie)	854	28,47
2. Information (avec discussion, explication)	734	14,68
3. Sollicitation (ordinaire, polie, impolie, avec discussion)	132	4,40
4. Surprise (normale, joyeuse, offensée, indignée)	109	3,63
5. Demande (normale, insistante)	109	3,63
6. Accord (normal, avec résignation, avec discussion)	104	3,47
7. Accueil	59	1,97
8. Refus (ordinaire, avec explication, avec argumentation)	58	1,93
9. Confirmation (ordinaire, avec explication, avec fierté)	54	1,80
10. Proposition	41	1,37
11. Regret	40	1,33
12. Gratitude	39	1,30
13. Excuses	32	1,07
14 Compliments	31	1,03
15. Prise de décision	31	1,03
16. Reproches et menaces	20	0,67
17. Pour calmer et rassurer	17	0,57
18. Sommation	6	0,20
19. Insultes	4	0,13

MÉMORISATION SUGGESTOPÉDIQUE PAR RAPPORT A L'ÂGE ET AU SEXE DES ÉTUDIANTS (*supra*, p. 137)

Groupes d'âge	*Sujets*		*Pourcentages de mémorisation*	
	hommes	*femmes*	*hommes*	*femmes*
1. Jusqu'à 20 ans	26	24	93,73	93,0
2. De 21 à 30 ans	40	52	94,5	95,38
3. De 31 à 40 ans	109	50	93,52	95,58
4. De 41 à 50 ans	81	27	90,59	89,85
5. Plus de 50 ans	14	4	90,36	92,25

Les groupes d'âge pour lesquels les différences étaient les plus grandes ont été comparés. Ainsi, la différence entre les groupes 3 et 4 pour les hommes de 2,93 p. cent est statistiquement significative ($t = 2.86$, $p > 0.99$) ; tout comme la différence entre les groupes 3 et 4 de femmes qui s'élève à 5,73 p. cent ($t = 2.14$, $p > 0.95$).

MÉMORISATION SUGGESTOPÉDIQUE APRÈS CERTAINS DÉLAIS (*supra*, p. 141)

Pourcentage moyen de mémorisation		*Délai entre les deux contrôles*
A la fin du cours	Après le délai	
92,6	82,4	de 0 à 5 mois [1]
95,6	87,4	de 8 à 16 mois [2]
97,7	50,4	22 mois [3]

1. Pour vingt-quatre personnes dont vingt n'avaient pas revu le matériel entre les deux contrôles.
2. Pour vingt personnes dont treize n'avaient pas revu le matériel entre les deux contrôles.
3. Pour trois personnes qui n'avaient pas revu le matériel entre les deux contrôles.

L'ENSEIGNEMENT SUGGESTOPÉDIQUE ET LES FONCTIONS INTELLECTUELLES (*supra*, p. 144)

	Début du cours	*Fin du cours*
Nombre de problèmes cherchés	4 342	4 246
Nombre de problèmes résolus correctement	2 762	3 199
Pourcentage de problèmes résolus correctement	63,6	75,3

L'ENSEIGNEMENT SUGGESTOPÉDIQUE ET LES CAPACITÉS DE TRAVAIL MENTAL (*supra*, p. 146)

Test de calcul mental

	Début du cours	*Fin du cours*
Nombre de problèmes cherchés (moyenne)	6,27	7,04 : $p<0.05$
Nombre de problèmes résolus.	4,55	5,21 : $p<0.05$

Test de pointage

	Début du cours	*Fin du cours*
Nombre de personnes soumises au test	561	442
Nombre moyen de lettres examinées durant le temps fixé.	325	348
Nombre moyen de lettres durant le temps fixé	5,49	4,82

L'ENSEIGNEMENT SUGGESTOPÉDIQUE ET LA DYNAMIQUE DE LA SUGGESTIBILITÉ (*supra*, p. 147)

	Début *du cours suggestopédique*	*Fin* *du cours suggestopédique*
Nombre d'étudiants	236	236
Nombre de questions posées.	708	708
Nombre de réponses prouvant que les étudiants se sont laissé tromper	240	96
Pourcentage	33,90	13,96

L'ENSEIGNEMENT SUGGESTOPÉDIQUE ET SES EFFETS PSYCHOTHÉRAPEUTIQUES (*supra*, p. 148)

	Nombre de personnes	*Pourcen-tages*
Effet négatif	0	0
Aucun effet noté	327	82,6
Effet positif	69	17,4

MESURES DE L'ACTIVITÉ CÉRÉBRALE BIO-ÉLECTRIQUE (*supra*, p. 150 à 155)

Indices de l'activité cérébrale bioélectrique du sujet V.K.

Ondes cérébrales	*Repos*	*Travail*
Alpha	31	24
Bêta	57	73
Thêta	11	3

Indices de l'activité cérébrale bio-électrique de cent cinquante étudiants d'un cours suggestopédique.

Ondes cérébrales	*Première heure de cours*	*Deuxième heure de cours*	*Troisième heure de cours*	*Séance*
Alpha	31	30	30	40
Bêta	55	55	56	47
Thêta	14	15	14	13

I. RÉSULTATS DE L'APPRENTISSAGE DE LA LECTURE AUX ENFANTS

(*supra*, p. 163 à 164)

Classes Année 1972-1973	*Nombre d'enfants*	*Lisant mot à mot en fin d'année*	*Lisant couramment en fin d'année*
Expérimentales	71	11,47 %	88,53 %
Contrôle	47	38,30 %	61,70 %

II. RÉSULTATS OBTENUS PAR LES ENFANTS AYANT LE MOINS DE CONNAISSANCES EN DÉBUT D'ANNÉE

Classés	*Test du*	*Ne lisant pas les lettres*	*Connaissant quelques lettres*	*Lisant mot à mot*	*Lisant couramment*
Expériment.					
26 enfants	17-9-73	30,77 %	69,23 %	–	–
24 enfants	21-5-74	–	–	25 %	75 %
Contrôle					
25 enfants	18-9-73	36 %	64 %	–	–
21 enfants	17-5-74	–	–	55 %	45 %

III. COMPRÉHENSION ET VITESSE DE LECTURE

Classes	*Reformulation complète de l'histoire lue*		*Reformulation dans ses grandes lignes de l'histoire lue*		*Vitesse*
	Nbre	%	*Nbre*	%	
Expérimentales 30 enfants	20	66,67 %	10	33,33 %	31′37″
Contrôle 44 enfants	22	50 %	22	50 %	36′41″

APPRENTISSAGE DU CALCUL CHEZ LES ENFANTS RÉSOLUTION DE PROBLÈMES (*supra*, p. 168)

Test	*Date*	*Classes*	*Nombre d'enfants*	*Pourcentage de résolution de problèmes*
A [1]	17-9-73	expérimentales	100	36,13
	18-9-73	de contrôle	52	33,17
B [2]	31-1-74	expérimentales	77	86,64
	13-5-74	de contrôle	45	63,18
C [3]	22-5-74	expérimentales	87	77,39
	14-5-74	de contrôle	46	5,28

1. Portant sur des additions et des soustractions jusqu'à 20, avec et sans décimales.
2. Portant sur le programme entier de première année : additions et soustractions jusqu'à 100, avec et sans décimales.
3. Portant sur le programme entier de deuxième année : additions et soustractions jusqu'à 1 000, multiplications et divisions jusqu'à 100.

RÉPERCUSSIONS ÉVENTUELLES DE L'ENSEIGNEMENT SUGGESTOPÉDIQUE SUR LA SANTÉ DES ENFANTS

(*supra*, p. 169 à 172)

A. Variations de taille

Classes	*Nombre d'enfants*	*Ont grandi*	*Différence en cm (Moyenne)*	*N'ont pas grandi*
1re année				
Expérimentales	96	92 (95,8 %)	+ 2,1	4 (4,2 %)
Contrôle	44	42 (95,4 %)	+ 2,2	2 (4,6 %)
2e année				
Expérimentales	82	79 (96,3 %)	+ 2,4	3 (3,7 %)
Contrôle	50	48 (96 %)	+ 2,3	2 (4 %)

B. Variations de poids

Classes	*Nombre d'enfants*	*Ont pris du poids*	*Ont perdu du poids*	*Poids inchangé*	*Différence moyenne en kg*
1re année					
Expérimentales	96	78 (81,2 %)	4 (4,2 %)	14 (14,6 %)	+ 1,2
Contrôle	44	37 (84,1 %)	5 (11,4 %)	2 (4,5 %)	+ 1
2e année					
Expérimentales	82	73 (89 %)	2 (2,4 %)	7 (7,6 %)	+ 2
Contrôle	50	37 (74 %)	8 (16 %)	5 (10 %)	+ 0,8

C. Variations de la capacité pulmonaire

Classes	*Nbre d'enf.*	*Capacité Augmentée*	*Capacité diminuée*	*Sans changement*	*Dif. moy. en cm³*
1re année					
Expérimentales	89	72 (80,9 %)	6 (6,7 %)	11 (12,4 %)	+ 221
Contrôle	43	39 (90,7 %)	3 (7 %)	1 (2,3 %)	+ 249
2e année					
Expérimentales	81	61 (75,3 %)	7 (8,6 %)	13 (16 %)	+ 169
Contrôle	50	34 (68 %)	8 (16 %)	8 (16 %)	+ 138

PERFORMANCES SPORTIVES

D. Course de cinquante mètres (en secondes)

Classes	*Nbre d'enfants*	*Performances*		
		Améliorées	*Diminuées*	*Sans changement*
1re année				
Expérimentales (temps de course diminué en moyenne de 0,7 s)	53	47 (88,7 %)	4 (7,6 %)	2 (3,7 %)
Contrôle (temps de course diminué en moyenne de 0,9 s)	42	30 (71,4 %)	9 (21,4 %)	3 (7,2 %)

E. Saut sans élan (en cm)

Classes	*Nbre d'enfants*	*Performances*			*Diff. moy. en cm*
		Améliorées	*Diminuées*	*Sans changement*	
1re année					
Expérimentales	77	71 (92,2 %)	6 (7,8 %)	–	+ 23,6
De contrôle	42	36 (85,7 %)	6 (14,3 %)	–	+ 21,4
2e année					
Expérimentales	77	60 (77,9 %)	14 (18,2 %)	3 (3,9 %)	+ 19
De contrôle	49	49 (100 %)	–	–	+ 22,6

F. Lancer de la balle (en m)

Classes	*Nbre d'enf.*	*Performances*			*Diff. moy. en m*
		Améliorées	*Diminuées*	*Sans changement*	
1re année					
Expérimentales	74	50 (67,6 %)	20 (27,6 %)	4 (5,4 %)	+ 1,23
De contrôle	42	36 (85,7 %)	5 (11,9 %)	1 (2,4 %)	+ 4
2e année					
Expérimentales	78	60 (76,9 %)	14 (18 %)	4 (5,1 %)	+ 3,63
De contrôle	49	41 (82 %)	3 (6 %)	6 (12 %)	+ 3,21

CAPACITÉS DE TRAVAIL DES ENFANTS

(*supra,* p. 171)

G. Épreuve de classification

Classes	*Début d'année*		*Fin d'année*		*Différence*
	Nombre d'enfants	*Réponses correctes en %*	*Nombre d'enfants*	*Réponses correctes en %*	
1re année					
Expérimentales	100	27,0	91	32,7	+ 5,7
De contrôle	50	28,4	47	31,4	+ 3
2e année					
Expérimentales	83	32,3	80	36,3	+ 4
De contrôle	55	36,4	54	40,0	+ 3,6

H. Test de pointage en début et fin de journée scolaire

Classes	*Nombre d'enfants*	*Nombre moyen de lettres cochées*		*Moyenne des erreurs commises en %*	
		début de journée	*fin de journée*	*début de journée*	*fin de journée*
1re année					
Expérimentales	344	258,7	271,4	3,25	4,24
De contrôle	166	275,3	304,2	3,05	4,48
2e année					
Expérimentales	213	319,5	319,6	3,04	4,61
De contrôle	154	333,4	313,0	3,32	4,26

I. Tests de pointage

Classes	*Nombre d'enfants*	*Nombre moyen de lettres cochées*		*Moyenne des erreurs commises en %*	
		Avant	*Après*	*Avant*	*Après*
a) Avant et après des leçons de calcul					
Expérimentales	178	241,1	292,0	5,4	2,8
Contrôle	98	255,0	261,0	4,5	4,0
b) Avant et après des leçons de bulgare					
Expérimentales	242	272,2	272,0	3,8	4,1
Contrôle	150	295,4	285,0	4,4	4,6

J. Fréquentativité des enfants (*supra,* p. 173)

	Classes			
	Expérimentales		*De contrôle*	
	Nombre	%	*Nombre*	%
Sans absences	116	72,0	41	36,6
Jusqu'à 10 abs.	9	5,6	19	17
Jusqu'à 20 abs.	18	11,2	12	10,7
Plus de 20 abs.	18	11,2	40	35,7

RÉSULTATS SCOLAIRES COMPARÉS DES ÉTUDIANTS D'UNE CLASSE DE DIXIÈME ANNÉE RECEVANT UN ENSEIGNEMENT SUGGESTOPÉDIQUE ET D'UNE CLASSE DE CONTRÔLE RECEVANT L'ENSEIGNEMENT HABITUEL (*supra,* p. 174)

Matières	*Classes*	
	Contrôle	*Expérimentales*
Langue bulgare	4,48	4,67
Langue russe	4,93	4,97
Langue occidentale	4,34	5,40
Algèbre	4,63	4,67
Géométrie	4,42	4,63
Physique	4,03	4,80
Chimie	4,44	5,30
Biologie	5,16	5,60
Histoire	4,91	4,93
Géographie	5,19	5,30
Psychologie	5,22	5,40
Logique	4,84	5,17

LE PREMIER COURS SUGGESTOPÉDIQUE DE FRANÇAIS AU CANADA EN 1973

(quatre groupes) *supra*, p. 191

SYNTHESE DES 4 SOUS-TESTS ENTRÉE/SORTIE [1]

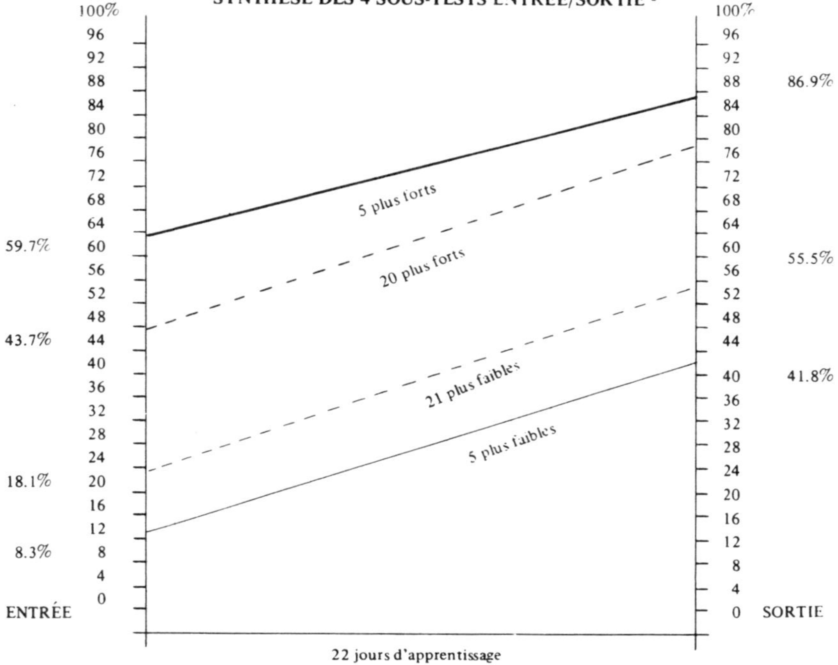

RAPPORT	ENTRÉE/ SORTIE
5 plus forts (à l'entrée)	1.5
21 plus forts	1.8
21 plus faibles	3.0
5 plus faibles	5.0

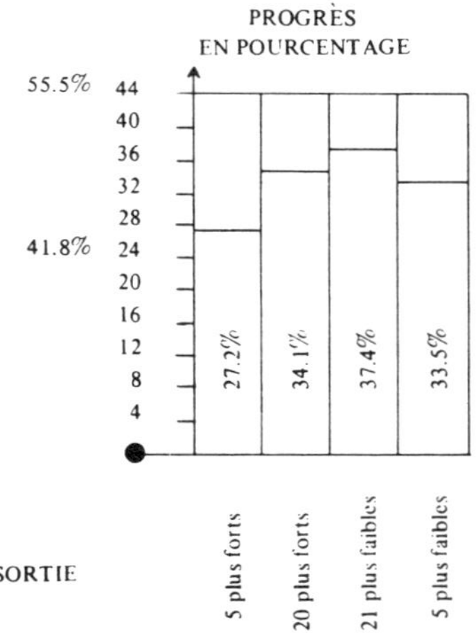

1. « Une expérience d'enseignement avec la méthode suggestopédique », p. 61.

LA SUGGESTOPÉDIE AU CANADA (*supra*, p. 193)

Résultats des analyses de variance entre le groupe expérimental et le groupe témoin

Groupes *Tests*			*Expérimental* *Suggestopédie*	*Témoin*	*F* *observé*	*Tableau du F* *(O.05) 1,88*	*Différence*
M.L.A. Expression orale	CONNAISSANCE	N M S	47 55 13 12.10	43 59 33 14 10	1 984	3 95	non significative
M.L.A. Compréhension auditive	CONNAISSANCE	N M S	47 62 02 17 60	43 58 05 24 10	0.754	3 95	non significative
Grille de communication Qualité de l'expression orale	PERFORMANCE	N M S	47 77 83 10 43	43 67 56 18 18	10 791	3 95	significative p<.01
Grille de communication Quantité de l'expression orale	PERFORMANCE	N M S	47 66.81 13 81	43 52 95 17 53	17 109	3 95	significative p<.01
Grille de communication Compréhension auditive	PERFORMANCE	N M S	47 85 15 10 90	43 70.16 17.12	24.409	3.95	significative p<.01

Code : N : nombre de sujets M : moyenne S : écart-type
Table du F : le rapport F permettant d'identifier une différence

LES STAGES DE LANGUES À L'E.F.S. DE JANVIER 1978 À DÉCEMBRE 1984 (*supra*, p. 251)

	Anglais	*Français*	*Allemand*	*Russe*	*Espagnol*	*Total*
Nombre de stages	*Niveaux* I II 72 36 108	17	12	7	11	155
Nombre de participants	1 212	162	107	47	75	1 603

QUESTIONNAIRE SUBJECTIF

COMMENT VOUS ÉVALUEZ-VOUS EN ANGLAIS :

A. Je sais décliner mon identité : Début Fin

1. Nom, prénom 0 1 2 3 4 5
2. Date, lieu de naissance 0 1 2 3 4 5
3. Adresse 0 1 2 3 4 5
4. Numéro de téléphone 0 1 2 3 4 5

B. Je sais parler de l'endroit où je vis

5. Décrire chez moi 0 1 2 3 4 5
6. Parler de ma ville 0 1 2 3 4 5
7. Parler de mon pays 0 1 2 3 4 5
8. Parler du temps qu'il fait................. 0 1 2 3 4 5
9. Parler de ce qui est typiquement français 0 1 2 3 4 5

C. Je sais parler de mon état

10. Physique (en pleine forme, fatigué(e)...) 0 1 2 3 4 5
11. Psychologique (heureux(se), déprimé(e)...) .. 0 1 2 3 4 5

D. Je sais parler de mes goûts

12. De ce que je mange 0 1 2 3 4 5
13. Du sport que je pratique, que j'aime 0 1 2 3 4 5
14. De ce que je fais de mes temps libres 0 1 2 3 4 5
15. D'un spectacle 0 1 2 3 4 5
16. D'un sujet historique ou politique 0 1 2 3 4 5
17. De mes projets de vacances 0 1 2 3 4 5

E. Je sais demander des renseignements

18. Mon chemin dans la rue 0 1 2 3 4 5
19. Des achats dans un magasin 0 1 2 3 4 5
20. Dans un transport public 0 1 2 3 4 5

ADRESSES

EN FRANCE

École française de Suggestopédie
Association pour la Recherche pédagogique
44, rue Henri-Barbusse
75005 PARIS
Tél. : 43-26-22-64

EN BULGARIE

Institut de Suggestologie
9, rue de Budapest
SOFIA

Depuis le 1er janvier 1985, le Dr G. Lozanov ne dirige plus l'Institut. Il poursuit néanmoins ses recherches dans le même domaine scientifique.

Belgique	Mia Minne 128, avenue Baron-Loermaus *1810, Wemmel.* Tél. : (02) 460-11-58
Brésil	Dr Luis Machado International Association for Accelerative Learning Rua Sao Francisco Xavier 524 11e andar-sala 11037 *Rio de Janeiro.* Tél. : 284-8322
Grande-Bretagne	Western Language Center LTD Michael Lawlor Forge House *Kemble* Glos. GL 7. GAD Tél. : (0285 77) 447
	School of English Studies Peter O'Connel 26 Grimston Gardens *Folkstone* Kent. CT20 2PY Tél. : (0303)55061/2
Hollande	Dr Wil Knibbeler Institut de Linguistique Appliquée Université Catholique Erasmusplein 1 Postbus 9103 6500 Ho Nijmegen Tél. : (080)51-93-33

Hongrie

1092 Budapest IX
Kinizsi utca 30-36

Müegyetem Rakpart
1111 Budapest
Magasfoloszint 58

Japon

Accelerated Learning Institute of Japan
T. Amano
3-33-10 Yoyogi Shibuya-Ku,
Tokyo 151.

Suggestopedia Research Institute
Sanno Institute of Business Administration
39-15, S-Chome, Todoroki, Setagaya-Ku
Tokyo 158.
(Revue *Élaboration*)

RDA

Karl-Marx-Universität
Forschungsstelle für Mnemologie
DDR — 701 Leipzig
Philipp — Rosenthal — Strasse 22

Suède

Christer Landahl
Delfinvägen 9
81500 *Tierp*
Tél. : 293-127-25

Suisse

Suggesta
Case Postale 23
CH-1224 Genève
Tél. : 49-79-63

URSS

Institut Maurice-Thorez
38, rue Metrostroievskaya
Moscou

Institut Pédagogique Lénine
Moscou

USA

Lozanov Learning Institute of San Diego
85575 Gibbs Drive
Tél. : (619) 571-3131

The Society for Suggestive Accelerative Learning and Teaching
P.O. Box 1216
Welch Station
Ames, Iowa 50 011
Tél. : (515) 294-1742

Lozanov Learning Institute, Inc.
1110 Fidler Lane
Suite 1215
Silver Spring, MD 20910
Tél. : (202) 882-4000

BIBLIOGRAPHIE SUR LA SUGGESTOLOGIE/SUGGESTOPÉDIE

OUVRAGE THÉORIQUE DE BASE
Dr Georgi LOZANOV

En anglais : *SUGGESTOLOGY & OUTLINES OF SUGGESTOPEDY, G. LOZANOV* (Gordon et Breach, New York), 1978, 377 p.

En français : *SUGGESTOLOGIE ET ÉLÉMENTS DE SUGGESTOPÉDIE* (Sciences et Culture, Montréal), 1984, 388 p.

C'est l'ouvrage théorique de base.
La bible du suggesto-pédagogue.

BIBLIOGRAPHIE CRITIQUE DES PUBLICATIONS EN FRANÇAIS DISPONIBLES EN FRANCE

— *LA SUGGESTOLOGIE* B. Balanger
(Retz, 1978.)

- Compte rendu documenté mais touffu sur la Suggestologie/Suggestopédie.

— *LA SUGGESTION DANS L'ENSEIGNEMENT* R. Galisson
Histoire et Enjeu d'une pratique tabou.
(Clé Internationale, Paris, 1983.)

- Compilation schématique de diverses lectures.

— *LES TROUPEAUX DE L'AURORE* J. Lerède
Mythes, suggestion créatrice et éveil surconscient.
(Les Éditions de Mortagne, Québec, 1980.)

- Œuvre d'érudition et de sensibilité. Indispensable lecture pour qui désire comprendre le phénomène suggestif.

— SUGGÉRER POUR APPRENDRE J. Lerède
(Les Presses de l'Université du Québec, 1980.)

- Description claire et précise de la Suggestologie/Suggestopédie. Lecture recommandée.

— QU'EST-CE QUE LA SUGGESTOLOGIE ? J. Lerède
(Privat, 1980.)

- La Suggestologie Lozanovienne replacée dans le contexte général de l'évolution de l'idée de suggestion. Lecture recommandée.

— LA SUGGESTOPÉDIE J. Lerède
(Collection « Que sais-je » — PUF, 172 p., Paris, 1983.)

- Résumé hâtif de la Suggestopédie par un théoricien non enseignant.

— *LES FANTASTIQUES FACULTÉS DU CERVEAU* OSTRANDER SCHROEDER

(Collection « Énigmes de l'Univers », Laffont, 360 p., 1980.)

- Sensationalisme mystificateur à propos de Sophrologie et Suggestopédie.

BIBLIOGRAPHIE GÉNÉRALE

D. ANZIEU et J. Y. MARTIN, *La dynamique des groupes restreints,* Paris, PUF, « Le psychologue », 1968, 2e éd. 1969.

ARIP, *Pédagogie et psychologie des groupes,* Paris, Éditions de l'Épi, 1966.

S. AUROBINDO, *Thoughts and Glimpses,* 1973 ; *Life divine,* 1982. Sri Aurobindo Ashram Press — Pondichéry.

H. BARUK, *L'Hypnose,* Paris, PUF, « Que sais-je ? », 1972.

Ph. BASSINE, *Le Problème de l'inconscient,* Moscou, Éditions Mir, 1973.

A. BERGE, *Les psychothérapies,* Paris, PUF, « Le psychologue », 1968.

H. BERNHEIM, *De la Suggestion,* Paris, Éditions Retz-CEPL, 1975, « Les classiques des Sciences humaines » ; 1re éd., Albin Michel, 1916.

A. BINET, *La suggestibilité,* Paris, Schleicher Frères, 1900.

H. BOON, Y. DAVROU, J. C. MACQUET, *La Sophrologie,* Paris, Éditions Retz-CEPL, « La psychologie moderne », 1976.

Y. CASTELLAN, *Initiation à la psychologie sociale,* Paris, A. Colin, « U2 », 1974.

E. COUÉ, *La maîtrise de soi-même par l'autosuggestion consciente,* Paris, Éd. Oliven, 1970.

J. C. FILLOUX, *L'Inconscient,* Paris, PUF, « Que sais-je ? », 1973.

C. FLORES, *La Mémoire,* Paris, PUF, « Que sais-je ? », 1972.

P. FRAISSE, *Psychologie du rythme,* Paris, PUF, « Le psychologue », 1974.

P. FRAISSE et J. PIAGET, *Traité expérimental de psychologie sociale,* Paris, PUF.
Tome IV. *Apprentissage et mémoire,* par J. F. Le Ny, G. de Montpellier, G. Oleron, C. Florès, 1964, 3e éd. 1975.
Tome VI. *La Perception,* par J. Piaget, P. Fraisse, E. Vurpillot, R. Frances, 1963, 2e éd. 1967.
Tome IX. *Psychologie sociale* par G. de Montmollin, R. Lambert, R. Pagès, C. Flament, J. Maisonneuve, 1965, 2e éd. 1969.

R. FRANCES, *La Perception,* Paris, PUF, « Que sais-je ? », 1963, 4e éd. 1973.

S. FREUD, *Ma vie et la psychanalyse,* Paris, Éd. Gallimard, 1950 ; « Idées », 1975.

M. FUSTIER, *Pratique de la créativité,* Paris, Éd. ESF, « Formation permanente en sciences humaines », 1976.

J. et M. A. GUILHOT, J. JOST, E. LECOURT, *La musicothérapie et les méthodes nouvelles d'association des techniques,* Paris, Éd. ESF, « Sciences humaines appliquées », 1973.

G. GUSDORD, *Pourquoi des professeurs.* Pour une pédagogie de la pédagogie, Paris, Petite Bibliothèque Payot, 1963.

J. HAMBURGER, *La raison et la passion,* Seuil, 1984.

J. F. LE NY, *Le Conditionnement,* Paris, PUF, « Le psychologue », 1966.

A. LÉON, *Psychopédagogie des adultes,* Paris, PUF, « L'éducateur », 1971.

M. MARSAL, *L'Autorité,* Paris, PUF, « Que sais-je ? », 1958, 3e éd. 1966.

A. MUCCHIELLI, *Cybernétique et cerveau humain,* Paris, Bordas, « Études », 1972.

R. MUCCHIELLI — *Communications et réseaux de communication,* 1976.
— *Les méthodes actives dans la pédagogie des adultes,* 1972.
— *Psychologie de la publicité et de la propagande,* 1970.
— *Psychologie de la relation d'autorité,* Paris, ESF, « Formation permanente en sciences humaines », 1976.

F. L. MUELLER, *La Psychologie contemporaine,* Paris, Petite Bibliothèque Payot, 1963.

M. REUCHLIN, *Psychologie,* Paris, PUF, « Puf fondamental », 1977.

C. ROGERS, *Freedom to learn,* New York, Harper and Row, 1970.

C. ROGERS et KINGET, *Psychothérapie et relations humaines,* vol. II. La pratique, Paris, Nauwelaerts, 1971.

R. ROSENTHAL et L. JACOBSON, *Pygmalion à l'école,* Paris, Castermann, 1972.

J. H. SCHULTZ, *Le training autogène,* Paris, PUF, 1958, 5e éd. 1972.

A. SCHUTZENBERGER, *Introduction au jeu de rôle,* Paris, Privat, « Mésopé », 1975.

G. VERMEIL, *La fatigue à l'école,* Paris, Éd. ESF, « Sciences de l'éducation », 1976.

L. L. WHYTHE, *L'inconscient avant Freud,* Paris, Payot, 1971.

L'impression de ce livre
a été réalisée sur les presses
des Imprimeries Aubin
à Poitiers/Ligugé

pour les Éditions Robert Laffont

Achevé d'imprimer en février 1986
N° d'édition : L 794 — N° d'impression, L 20867
Dépôt légal, février 1986

Imprimé en France